Anleitung zum Selberdenken

Julia Freifrau Hiller von Gaertringen
Hansgeorg Schmidt-Bergmann

Anleitung zum Selberdenken

Johann Peter Hebels »Excerpthefte«

G. Braun Buchverlag

Schriften des Museums für Literatur am Oberrhein, Karlsruhe, Bd. 6

Hrsg. von Hansgeorg Schmidt-Bergmann und Julia Freifrau Hiller von Gaertringen im Auftrag der Literarischen Gesellschaft Karlsruhe und der Badischen Landesbibliothek

Begleitband zur Ausstellung der Badischen Landesbibliothek und des Museums für Literatur am Oberrhein

Konzeption und Bearbeitung
Franz Littmann, Hansgeorg Schmidt-Bergmann und Sarah Wilhelm

Realisierung der Ausstellung
Franz Littmann, Hansgeorg Schmidt-Bergmann, Sarah Wilhelm, Schwarz-Düser/Düser-Kultur und Architektur und Jasmin Grill

Umschlaggestaltung und Satz
Andrea Faucheux, G. Braun Buchverlag

Druck
Bosch-Druck, Landshut

Diese Publikation wurde gefördert durch das Ministerium für Wissenschaft, Forschung und Kunst und die Stadt Karlsruhe

Karlsruhe
www.gbraun-buchverlag.de

© 2010 Literarische Gesellschaft Karlsruhe
PrinzMaxPalais, Karlstraße 10, 76133 Karlsruhe
und DRW-Verlag Weinbrenner GmbH & Co. KG
Leinfelden-Echterdingen

ISBN 978-3-7650-8585-7

Inhalt

Vorwort

Am 10. Mai 2010 jährt sich zum 250. Mal der Geburtstag
von Johann Peter Hebel. Der Theologe, Schriftsteller und
Pädagoge gehört zu den wichtigsten Integrationsfiguren Ba-
dens nach der territorialen Erweiterung im Kontext der na-
poleonischen Eroberungen und Reformen. Als Prälat und
damit höchster Würdenträger der protestantischen Kirche
führte er die reformierte und lutherische Konfession mit in
eine Union. Als Verfasser der »Allemannischen Gedichte«
fand er die Anerkennung von Goethe, Jean Paul und zahlreichen anderen Schriftstellern seiner Zeit, als »Kalender-
mann« hat er bis heute gewichtige Spuren in Literatur und
Philosophie hinterlassen: von Franz Kafka über Walter Ben-
jamin, Ernst Bloch, Martin Heidegger bis zu Elias Canetti,
Botho Strauß und Arnold Stadler.

Die Exzerpthefte Johann Peter Hebels sind Teil einer Hin-
terlegung des Großherzogs Friedrichs II. und als solche 1921
in die Badische Landesbibliothek gekommen. Der umfangreiche H-Bestand mit ungedruckten Papieren, Werkkonzep-
ten, Stamm- und Tagebüchern sowie einer umfangreichen
Sammlung von Briefen an Gustave Fecht, der kulturhisto-
risch nicht allein für die Hebel-Forschung von unschätzba-
rem Wert ist, konnte 2009 vom Land Baden-Württemberg
angekauft werden. Hebels Notate waren bisher ein Deside-
rat der Forschung; Hinweise und kleinere Zitate finden sich
zwar in der Forschungsliteratur, aber im Ganzen sind die
Exzerpthefte mit den Signaturen H 84, 85 und 86 bisher
unpubliziert. Das erklärt sich aus der Handschrift Hebels,
die nicht immer leicht zu lesen ist, und aus dem erheblichen
Anteil fremdsprachiger Bestandteile in Latein, Griechisch
und Hebräisch. Im Kontext einer demnächst erscheinenden

Gesamtausgabe der Werke Hebels, konnten die Exzerpthefte von der Literarischen Gesellschaft Karlsruhe, mit Mitteln der Badischen Bibliotheksgesellschaft, der Baden-Württemberg-Stiftung, der Stober-Stiftung und der Evangelischen Landeskirche Baden, vollständig digitalisiert, transkribiert und übersetzt werden. Teile davon werden anlässlich der Ausstellung erstmals öffentlich präsentiert und sind in exemplarischen Auszügen im Folgenden abgedruckt.

Deutlich wird, dass die Exzerpthefte den Blick auf das Werk von Johann Peter Hebel verändern werden. Hebel war nicht allein der »Idylliker« und »Mundartdichter«, zu dem ihn die allgemeine Rezeption gemacht hat – was seine heute eher regionale Beachtung erklärt, trotz einiger bekannter Kalendergeschichten, die sich bundesweit in den Schulbüchern finden. An der Schnittstelle zwischen Spätaufklärung, früher Romantik, Klassik und später Romantik, in den Jahren 1780 bis 1826, repräsentiert Johann Peter Hebel ein Denken, das sich den Umwälzungen der beginnenden Moderne stellt und nach Lösungen sucht, die heute aktuell sind: Was ist Glück in einer schnelllebigen Zeit? Was ist Wahrheit, was Toleranz? Wie stellt man sich der vergehenden Zeit? Was lehrt uns die Geschichte? Welche Antworten kann die Religion geben? Was impliziert ein interreligiöser Dialog?

Hebels Exzerpte seit der »Hertinger Zeit«, ab 1780 bis zur Publikation der »Allemannischen Gedichte« 1803, werden in der Ausstellung der Badischen Landesbibliothek und des Museums für Literatur am Oberrhein anhand von Themenkomplexen präsentiert. Über zwanzig Jahre hat der junge Theologe seine Leseeindrücke festgehalten, die wichtigen wissenschaftlichen Quellen notiert: für Theologie, Philosophie, Literatur und die Populärästhetik seiner Zeit gilt das gleichermaßen. Bibelkritik, aufklärerische Theologie, die kritische Auseinandersetzung mit der Philosophie Kants, die Rezeption der »Anakreontik«, die Lektüre der Schriftsteller der »Empfindsamkeit« und des kritischen schwäbischen Literaten Christian Friedrich Daniel Schubart, wie sie an dem Gedicht »Die Fürstengruft« deutlich wird, sowie die Konzeption einer praktischen Ethik im Anschluss an die antike Schule der Stoa – das theoretische Fundament von Hebels Denken und Werk wird durch die Auswertung der drei überlieferten »Excerpthefte« erstmals in seiner Genese deutlich und eröffnen überraschende und bisher völlig unbekannte theoretische Kontexte. Nachdrücklich wird durch die Ausstellung zugleich dokumentiert, dass Karlsruhe durch die Hebel-Bestände in der Badischen Landesbibliothek, die Johann Peter Hebel-Sammlung von Karl Fritz im Museum für Literatur am Oberrhein, ergänzt durch die amtlichen Schriften im Generallandesarchiv und durch Materialien im Archiv der Badischen Landeskirche der zentrale Ort für die Forschung ist.

Dem Land Baden-Württemberg und der Stadt Karlsruhe sei herzlich gedankt für die Bereitstellung der finanziellen Mittel, die eine Realisierung der Ausstellung »Anleitung zum Selberdenken. Johann Peter Hebels Excerpthefte« erst möglich gemacht haben.

Dr. Julia Freifrau
Hiller von Gaertringen
Direktorin der Badischen
Landesbibliothek Karlsruhe

Prof. Dr. Hansgeorg
Schmidt-Bergmann
Museum für Literatur
am Oberrhein

»Denn was ist das Leben ohne Täuschung, oder wie es andere nennen, ohne Poesie« – Hebels Exzerpthefte im historischen Kontext

Franz Littmann

»Er liebte nicht, viel zu lesen; schöne Literatur am wenigsten; er meinte, lesen verstimme die eigene Vorstellung und Ergiebigkeit; ihm genügten Sachen, die ihn gegenständlich unterrichteten ...«[1]. Ähnlich wie Wilhelm Hausenstein, Hebelpreisträger 1949, stilisierte auch Wilhelm Zentner, Hebelpreisträger 1955, den badischen Dichter als genialen, ausschließlich aus eigenen intuitiven Quellen gespeisten Schriftsteller: »Dickleibige Bücher sind niemals nach Hebels Geschmack gewesen, mit Ausnahme der geliebten Romane von Jean Paul [...]. Theorie und Systematik waren einem Manne verdächtig, der, falls es ihn nach Rat verlangte, die liebe Schule des Lebens befragte.«[2] Wie falsch solche Charakterisierungen sind, zeigen Hebels Exzerpthefte. Sie machen etwas sichtbar, das jenseits des »herkömmlichen, in ermüdender Wiederholung verfestigten«[3] Hebelbilds liegt. Sie lassen erkennen, dass Hebel sich ausgesprochen aktiv und interessiert in dem von Michel Foucault beschriebenen Spannungsfeld zwischen klassischen und neuzeitlichen Denkfiguren bewegte.[4] Das geistige Klima, in dem Hebel am Karlsruher Gymnasium illustre heranwuchs, hatte Maßstäbe, die erheblich von den konventionellen Denkrichtungen in Deutschland abwichen.[5] Die Radikalität von Hebels »Grenzüberschreitungen« kommt bereits in seinen Exzerptheften zum Ausdruck. Sie sind Teil einer Opposition gegen das orthodoxe Spektrum des Denkens und Glaubens am Ende des 18. Jahrhunderts. Deutlich erkennbar ist Hebels Suche nach einer mit den säkularen gesellschaftlichen Entwicklungen einhergehenden Theologie. Wenn man ihr vorurteilslos folgt, hat sie Wichtiges zu sagen und liefert Beiträge für eine aktuelle Lebenshaltung, die das Transzen-

Johann Peter Hebel (1760–1826) Bleistiftzeichnung unbekannter Hand nach dem Stich von Christian Friedrich Müller (1783–1816)

Briefwechsel Erasmus mit Luther und Melanchthon. Basel: Froben. 1519.

Jerusalem, Johann Friedrich Wilhelm: Betrachtungen über die vornehmsten Wahrheiten der Religion, 2. Theil, Frankfurt/Leipzig 1775.

Mosheim, Johann Lorenz: Heilige Reden über wichtige Wahrheiten der Lehre Jesu Christi, Hamburg: Bohn, 1765.

dente einschließt statt auszugrenzen. Die heutige krisenhafte geistige Stimmung, die zeigt, dass wir mit widerstrebenden Prinzipien und Normen leben müssen, wurde von Hebel früh erkannt. Eine Antwort darauf war seine situative Ethik. Zweifellos, wie bei zahlreichen Autoren seiner Zeit, verbindet sich bei Hebel religiöses Bewusstsein mit dem Versprechen auf Nutzen und Glück für den einzelnen. Toleranz und eine natürliche Religion, wie in Lessings »Nathan der Weise« (1779), sind für ihn kein Widerspruch. Ganz maßgeblich getragen wurde die darüber geführte Diskussion innerhalb der deutschen Aufklärung von Theologen. Entsprechend umfangreich sind Hebels Exzerpte aus Rezensionsorganen, in denen die theologische Literatur dominiert. Was den frischgebackenen Abgänger der neologischen Hochburg an der Universität Erlangen ganz besonders interessierte, war die Geschichte seiner Kirche. Vielleicht wollte Hebel, wie Reinhard Wunderlich vermutet,[6] nach dem Studium die aktuellen Diskussionen weiterverfolgen. Oder gut vorbereitet sein auf eventuell bevorstehende Visitationen, die damals üblich waren. Wichtig war ihm auf alle Fälle der ständige Rückbezug auf Themen und Postulate der Neologie, die er in Karlsruhe als Schüler und in Erlangen als Student kennengelernt hatte. Deutlich wird dieser Rückbezug an einer Fülle von Exzerpten, die sich mit der Geschichte des Christentums, seiner Entwicklung, seinen Spaltungen und Verzweigungen beschäftigen. Unübersehbar ist Hebels starkes Interesse an dogmatismus-kritischen Positionen, wie sie beispielsweise von Johann August Starck (303),[7] Johann Lorenz Mosheim (344), Valentin Weigel (351), Johann Konrad Dippel (352), Karl Friedrich Bahrdt (334a), David Joris (520) und Johann Salomo Semler (644) vertreten wurden. Wie viele »theologische Neologen« seiner Zeit war auch Hebel an Diskussionen und Erörterungen einer »Bibelkritik« interessiert. Zu erwähnen sind in diesem Zusammenhang mehrere Exzerpte, in denen die Rationalisierung von Bibelwundern im Mittelpunkt steht. Neben dieser Auseinandersetzung mit theologischen Fragestellungen hatte Hebels Themenauswahl aber auch mit seiner beruflichen Tätigkeit zu tun:

In Hertingen war er beim örtlichen Pfarrer als Hauslehrer, in Lörrach und später in Karlsruhe als Präzeptoratsvikar und Sub- und Hofdiakon angestellt. So exzerpierte er Literatur zur Schuldidaktik (326), zur Lehrerausbildung (512), zu sprachwissenschaftlichen, naturwissenschaftlichen und mathematischen Themen.

Auffallend ist auch Hebels Interesse an medizinischen Themen. Erhellend ist diesbezüglich eine Bemerkung im Anschluss an seine Auszüge zum »Nutzen unsrer einheimischen Gewächse in Krankheiten« (541): »Als Einleitung zu einem künftigen medizinisch oekonomischen Aufsatz von dieser Sache«. Offensichtlich sammelte Hebel Material für eine medizinische Veröffentlichung. Aus einem Brief an Gustave Fecht[8] wissen wir, dass er mit seiner schlecht bezahlten Stelle als Hilfslehrer unzufrieden war und deshalb »in Lörrach lange mit dem Gedanken« umging, »noch umzusatteln und Medizin zu studieren«.

Die enorme Bandbreite an theologischen und philosophischen, literarischen und naturkundlichen Fragestellungen, die Hebel beschäftigte, wurzelte in dem Bedürfnis nach einer Aufklärung der Gesellschaft. Als er sich in Auszügen Material zur Modernisierung der Landwirtschaft notierte, dachte er vielleicht auch an seine Tätigkeit als Landpfarrer. Es interessierte ihn der »Anbau der Nesseln und der daraus zu erwartenden Vorteile« (338/504), das »Strohumwinden der ausländischen Bäume im Winter« (492) oder die »Anweisung zur nützlichsten und angenehmsten Bienenzucht« (635–643). Das geistige Klima der Spätaufklärung, in der das Verlangen nach Glück und die dafür notwendige Erziehung eine zentrale Rolle spielten, war ausschlaggebend für Hebels Suche nach einem ethisch vorbildlichen Verhalten (302, 304, 397, 556, 558) sowie nach literarischen Produktionen, die es ermöglichten, dem einfachen Volk das Gedankengut der Aufklärung zu vermitteln. Aus späteren Ausführungen dazu erkennt man, dass sich Hebel von einer zeitgenössisch dominierenden Auffassung der Volksaufklärung distanzierte. Gemeint ist das Modell eines »Eintrichterns« des gelehrten Wissens in eine ungelehrte Rezipientenschicht. Eine Aufklärung also, bei der das Volk als Objekt begriffen wurde, dem neue Denk- und Verhaltensweisen aufzuzwingen waren.

Nach seiner Auffassung sollte, wie er an den Eppinger Pfarrer Köster schrieb, »die Erbauung nicht in das Herz des Zuhörers als in ein leeres Gefäß hinüber gegossen, sondern aus ihm als einer verschlossenen Quelle herausgefördert

Das 1755 erbaute Pädagogium in Lörrach, wohin Hebel 1783 als Präzeptoratsvikar berufen wurde.

Forster, Johann Reinhold: Bemerkungen über Gegenstände der physischen Erdbeschreibung, Naturgeschichte und sittlichen Philosophie auf seiner Reise um die Welt gesammlet, Berlin 1783.

13

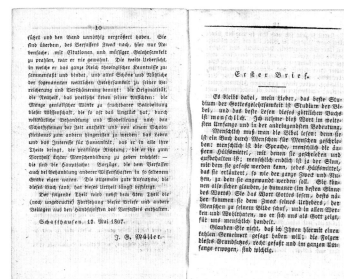

»Blick zum Belchen vom Untermünstertal aus« (1898) von Emil Lugo (1840–1902).

werden«.[9] Nicht nur was die Methode anbetrifft waren Hebels Ansichten zur Volksaufklärung diametral der gängigen Praxis der Protestantischen Kirche entgegengesetzt. Auch die Inhalte sollten dem Geschmack und den Bedürfnissen der Adressaten angemessen sein. Das ist der Grund, warum man in seinen Exzerptheften sogenannte »Unterhaltungsliteratur« findet, beispielsweise aus dem »Vade Mecum für lustige Leute« (556–559) oder aus dem »Magazin für Frauenzimmer« (536–548). Auch seine ausführlichen Inhaltsangaben zu Romanen wie »Barbara Pfisterin« von David Christoph Seybold (536, 541, 544) oder »Hermann und Ulrike« von Johann Carl Wezel (584, 585, 603) gehören in diesen Kontext. Im Geiste Herders sammelte Hebel außerdem Exempel der »Volkspoesie«: Das »Sonntagslied eines Bauern« (609), ein (vermutlich Hertinger) Gedicht eines unbekannten Verfassers (229), eine gereimte Bauernsage (301) sowie Gedichte im plattdeutschen (476), siebenbürger (1094), kreolischen (1200) und toskanischen (1093) Dialekt. Vergleichen lassen sich diese Notate mit den Textsammlungen der Heidelberger Romantiker und der Brüder Grimm und auch die Gesänge »Ossians«, des schottisch-gälisch mythologischen Barden des 3. Jahrhunderts, exzerpierte der Theologe. Wie sehr ihn die Volksdichtung interessierte und wieviel Distanz er zur Volkskulturfeindlichkeit der Eliten seiner Zeit hatte, belegt seine Würdigung des Dichters Christian Friedrich Daniel Schubart. Dieser war beim Volk beziehungsweise den unteren Sozialschichten außerordentlich beliebt. Vor allem wegen seiner Volkslieder, auf die Hebel in seinem »Gutachten über die Frage, wie dem Gebrauch anstößiger Volkslieder am sichersten vorzubeugen sein möchte«,[10] mehrfach Bezug nahm. Die »Fürstengruft«, eine aufrüttelnde Polemik gegen die skandalösen Auswüchse des Feudalismus, schrieb Hebel vollständig in sein Exzerptheft ab (1182).

Hebel als »Parmenides«, nach der Tuschezeichnung im Almanach des Proteus.

Nach Schubart, der für zehn Jahre vom württembergischen Herzog auf dem Hohenasperg inhaftiert wurde, benannten die »Proteuser« den 8. Zyklus des neuen proteusischen Kalenders in ihrem »Almanach des Proteus« – vielleicht eine Parodie auf den entchristianisierten Kalender der französischen Revolution. Und den ersten Tag dieses Zyklus nach einem Gedicht von Schubart: »Ewig Judentag – man lieset in feierlicher Versammlung Schubarts ewigen Juden«. Im »Verzeichnis der beruehmtesten Proteologen aelterer und neuerer Zeiten« wird Ahasver als eine Verkörperung einer »karnevalesken« Antistruktur wieder erwähnt:

> »5. Der ewige Jude: Sein Seufzer: ›des Seyns Flammenpfeil durchstach mich‹ (Schubart) macht alle Beweise überflüssig, daß er tief in die Kenntniss des Proteismus eingedrungen sey, und die Unvollkommenheit des Seyns aus Überzeugung behauptet habe«.

Als eine Art Doppelgänger Christi verwies der »ewige Jude« auf ein von der lutherischen Orthodoxie abweichendes Verständnis. Gegen Luthers Lehre von der Erbsünde und seine These von der Erlösung durch den Glauben stellten die »Proteuser« ihr Verständnis von der Sünde als einem verfehlten Verhalten, das sich durch Überredung, Erziehung oder Selbstdisziplin überwinden lässt. Auch gab es für sie nicht das Entweder-Oder von höheren, heiligen und sündlosen im Gegensatz zu niederen, unreinen und sündhaften Lebensweisen. Weil das Leben anthropologisch von einer grundlegenden, unentwirrbaren Ambivalenz notwendig geprägt ist, lässt es sich oftmals schwer unterscheiden, ob jemand gerade der Lehre Jesu oder der Verführung des »ewigen Juden« folgt. Genau diese Zwiespältigkeit kennzeichnet Hebels Haltung der Aufklärung und der damit einhergehenden Entzauberung der Welt gegenüber. So nahm er einerseits am »romantischen« Versuch der Wiederverzauberung teil. Auf der anderen Seite beteiligte er sich an dem Projekt der Rationalisierung von Bibelwundern. So notierte sich Hebel beispielsweise eine »Erklärung« der Wolkensäule (2. Mose 14, 19), die ein Engel zwischen das Heer Israels und das Heer der Ägypter schob, damit diese sich nicht näher kommen konnten. Aus der Perspektive der Naturwissenschaft gesehen waren es einfach »Dünste«, die aus dem Roten Meer emporstiegen. Das Wunder der Bibel war also nicht mehr und nicht weniger als eine List des Heerführers Moses. Der Nebel wurde so Teil seiner militärischen Strategie. Auch für die in der Bibel geschilderten wunderbaren Durchquerungen des Meeres (2. Mose 14, 22) hatte Hebel eine vergleichsweise einfache Erklärung: »Die Wasser des Meeres waren gewichen – an einer schmalen Furt –, damit die Kinder Israels trockenen Fußes hindurchgehen konnten.« (Biblische Geschichte Nr. 21). Die Naturkatastrophe in Sodom und Gomorrha, die Salzsäule, zu der Lots Frau erstarrte, der Ölkrug der Witwe von Sarepta, der ebenso wie der Mehltopf nie leer wurde, das Wasser, das Moses in Blut verwandelte – für all diese Bibelwunder fand Hebel rationale Erklärungen (1239, 1350).[11] Auf der einen Seite gab es für Hebel eine Welt, in der Geister, Gespenster und Dämonen existierten. Auf der anderen Seite stützte er den Rationalismus, der »Geister« aus dem Bewusstsein tilgen wollte. Weil nun der Glaube an Geister und Gespenster »im menschlichen Geist selbst« liegt »und ihm Bedürfnis ist«,[12] betrachtete er es später als eine Funktion von Literaten, dieses Bedürfnis zu befriedigen. Geister und Gespenster, so schrieb er in seinem berühmten Polytheismusbrief,[13] würden wahrnehmbar sein, wenn die Menschen »nicht durch den Unglauben an sie die Empfänglichkeit verloren hätten«. Ebenso, wie Hebel die Verstrickungen von Gut und Böse im menschlichen Leben als natürlich reflektierte, war auch sein Verhältnis zu »Gespenstergeschichten« menschenfreundlich: »Denn was ist das Leben ohne Täuschung« schrieb er seiner Straßburger Freundin Sophie Haufe,[14] »oder wie es andere nennen, ohne Poesie«. Im Juli 1775 unternahm der badische Markgraf Karl Friedrich eine Reise in die Schweiz. Begleitet wurde er von einem späteren Kollegen Hebels, dem Mathematik- und

Hebel, Johann Peter: Biblische Geschichten für die Jugend. Stuttgart und Tübingen: Cotta 1824.

Physikprofessor Johannes Lorenz Böckmann (1741–1802). Dessen Aufgabe war es, die Reise zu protokollieren. Teile dieses Berichts wurden zehn Jahre später in Ernst Ludwig Posselts »Wissenschaftlichem Magazin für Aufklärung« veröffentlicht. Unter anderem, wie sein Exzerpt (1212) dokumentiert, interessierte sich Hebel für den Besuch der Karlsruher Delegation beim damals legendären Wunderarzt Dr. Michele in Schüpbach bei Langenau. Wegen seiner spektakulären Heilerfolge eilten Hunderte von Patienten herbei, was Michele in wenigen Jahren »ein Kapitälchen von 60–70 000 Gulden« einbrachte. Auch für diese Wunder hatte Hebel eine natürliche Erklärung: »Statur, Enthaltsamkeit, Lage des Orts, pflichtmäßige Bewegung und einige einfache Mittel, die wenigstens die Natur nicht hinderten«. Was hinderte die Natur nicht? Wie in der Kalendergeschichte »Der geheilte Patient« musste der Kranke weit laufen und sich daher viel bewegen, wenn er den Arzt konsultieren wollte. Allerdings, genau wie bei den Heilungswundern in der Bibel, weigerte sich Hebel auch in Hinsicht der medizinischen Wunder, volkstümliche Vorstellungen gänzlich zu negieren. Von den Möglichkeiten des Menschen zur Verwandlung überzeugt, räumte er ein, dass der Krankheitsverlauf durch einen starken Lebenswillen oder einen Zustand innerer Zufriedenheit beträchtlich beeinflusst werden kann. Für jemand wie Hebel, der auch kein Entweder-Oder zwischen dem »Spirituellen« und dem »Physischen« kannte, war die Änderung des Bewusstseins das eigentliche Anliegen. Genau darauf zielte auch seine Modifikation des Aderlassmännchens im »Rheinländischen Hausfreund«. In der dazugehörigen Anleitung empfahl er dem Leser eine Distanzierung von den »Albernheiten« der »himmlischen Zeichen«, die – ähnlich wie heutige Horoskope – das Aderlassen propagierten. Stattdessen verwies er auf die Beachtung der »irdischen« Zeichen, was auf eine Berücksichtigung neuzeitlicher medizinischer Erkenntnisse hinauslief: »Schön rothes und flüssiges, nicht wässeriges Blut zeigt Gesundheit«.

Wie viele spätaufklärerische Popularphilosophen hatte auch Hebel die Hoffnung, dass es mit Hilfe der Vernunft gelänge, die Differenzen der Religionen und Konfessionen zu überwinden, so dass es jedem Menschen möglich sei, »nach seiner Façon selig zu werden« – sei er nun Christ, Moslem oder Jude. Bei zahlreichen Exzerpten steht die Suche nach der Legitimation für diese Auffassung im Zentrum. Bibelkritische, kanonkritische und dogmenkritische Schriften gehören in diesen Kontext: Die Bibel wird als historisches Dokument interpretiert, das Trinitätsdogma hinterfragt, das Problem des »Menschensohns« reflektiert. In diesem Zusammenhang finden Darstellungen zum Arianismus (235 und 309), zum Pazifismus der Quäker (350 und 507) und zur allgemeinen Menschenliebe (1203) eine besondere Beachtung. Zentral interessierte sich Hebel für die Frage nach der Gleichberechtigung der Juden. So findet man längere Auszüge zum Trauerspiel »Der Judenfeind« von Ludwig Christoph Heinrich Bischoff (339), zu Christian Wilhelm Dohms Schrift »Über die bürgerliche Verbesserung der Juden« (345), zu einer Erläuterung des Sanhedrins beziehungsweise jüdischen Hohen Rats (356), zum Problem der »Künftigen allgemeinen Judenbekehrung« (409), zur jüdischen Zeitrechnung (573 bis 578), ganz allgemein zur Erlösungsfähigkeit von Heiden (602) sowie zum Kriegsdienst der Juden (1246), der in der Debatte über deren Gleichberechtigung eine wesentliche Rolle spielte.

Es war nicht nur seine aufgeklärte Weltanschauung, die Hebels Interesse auf das Problem der Judenfeindschaft lenkte. Als Pfarrer und Lehrer unterstützte er das staatliche Interesse in Baden an einem friedlichen Miteinander der verschiedenen Religionen (Katholiken, Reformierte, Lutheraner, Juden). Hebels »natürliche Theologie«, die in der Tradition des Philosophen Christian Wolff (1679–1754) stand, erhob den Anspruch, »eine gegründete Erkenntnis Gottes und seiner Gebote zu vermitteln«. Dies war auch im Hinblick auf das Verhältnis von Staat und Kirche »fortschrittlich«: Welchen Standpunkt er vertrat, zeigte später sein Kalenderbeitrag »Der große Sanhedrin zu Paris«, der auf das in Baden von Napoleon übernommene Recht auf Glaubensfreiheit beziehungsweise das badische Gleichstellungsedikt vom 13.1.1809 anspielte. Ähnlich wie sein Vorbild Moses Mendelssohn (1729–1786) sah auch Hebel in der »natürlichen Theologie« eine wichtige Voraussetzung für einen tragfähigen Dialog der Religionen innerhalb einer säkularen Gesellschaft. Was diese Voraussetzung beeinträchtigte, war Intoleranz. Sie wurde deshalb von Hebel entschieden verurteilt. So beispielsweise in seinem Kommentar zum bereits erwähnten Trauerspiel »Der Judenfeind«:

»Meine Ansicht. Weh! daß man die Aufführung eines
Schauspiels wünschen muß, um dem Volk die entehren-
den Irrtümer zu benennen, die ihm von der Kanzel herab
eingepredigt worden sind« (339).

Aus der Perspektive der neologischen Theologie waren es drei
Glaubenslehren, die in allen Religionen Zustimmung fanden
beziehungsweise als beweisbare Wahrheit erkannt wurden:
Der Glaube an Gott, der Glaube an die Seelenunsterblichkeit
und der Glaube an ein »natürliches« Wissen um Gut und
Böse. Schon Melanchthon hatte die Übernahme dieser drei
Maximen des Stoikers Chrysippos in den protestantischen
Kodex befürwortet. In seiner Emanzipationsschrift »Jerusalem oder Über religiöse Macht und Judentum«[15] von 1787,
die sich auch in Hebels Bibliothek befand, beschreibt Moses
Mendelssohn das Verhältnis des Judentums zur »natürlichen«
Theologie«. In Bezug auf die staatsbürgerlichen Ansichten
unterschieden sich seiner Auffassung nach die Juden nicht
von den Christen. Ebenso wenig widersprach irgendetwas
im Judentum den allgemeinen Vernunftwahrheiten der »natürlichen« Theologie. Von daher sei es für Juden so wenig
wie für Christen ein Problem, zugleich rechtgläubig zu bleiben und im Einklang mit den Staatsgesetzen zu leben. Hebel,
der seinen Respekt vor dem Aufklärer Mendelssohn später
in seinem Kalenderbeitrag »Moses Mendelssohn« von 1809
zum Ausdruck brachte, exzerpierte längere Passagen aus
dessen »Morgenstunden«. In dieser Schrift hatte der Ber-
liner Philosoph seine Ablehnung Spinozas im Anschluss an
Christin Wolff erläutert. Im Unterschied zu »Jerusalem«, das
die Notwendigkeit der Trennung von Staat und Kirche the-
matisierte, ging es in den »Morgenstunden« um das Dasein
Gottes. Mendelssohns »Wahrheitsbegriff« entsprach Hebels
Vorstellung, dass der Wert der Religion nie im Gedanken,
sondern in der Lebenspraxis liege: »Wahrheit«, so lautete
Mendelssohns Fazit, »ist jede Erkenntnis, die eine Wirkung
unserer positiven Seelenkräfte ist.«[16] Das war eine Kritik an
Kants formalen Regeln und Prinzipien und seinem katego-
rischen Imperativ. Demgegenüber musste sich Wahrheit in
den tiefsten Empfindungen und Gefühlen des Menschen
(wie dem Mitleid) ausdrücken und damit in einer »natürlichen« Religiosität. Aus diesem Grund war Hebel stets »die

Illustration zu Hebels
Erzählung »Der from-
me Rat«.

19

sittliche Seite der Religion unendlich mehr wert als die dogmatische«.[17]

Christian Wolff, der für die Entwicklung der protestantischen Religion im Zeitalter der Aufklärung richtungsweisende Philosoph, spielte bereits im geistigen Klima des Karlsruher Gymnasium illustre zu Hebels Zeit als Schüler eine herausragende Rolle.

»Das Hochfürstlich Markgräflich Badische Gymnasium Illustre«, das Hebel ab 1774 besuchte. Holzstich.

Markgraf Karl Friedrich von Baden (1728–1811)

So las beispielsweise Johann Lorenz Böckmann, der bereits erwähnte Mathematikprofessor, »die Naturlehre nach seinem eigenen Lehrbuch, die angewandte Mathematik nach Wolffs Anfangsgründen«.[18] Aus dessen »Anfangsgründen aller Mathematischer Wissenschaften« exzerpierte Hebel in Lörrach. Möglicherweise wollte er sich auch ein praktisches mathematisches Wissen aneignen, immerhin gehörte es doch zu seinen Pflichten, wöchentlich zwei Stunden Unterricht in Geometrie zu erteilen. Und mathematisch begabt scheint Hebel auch gewesen zu sein, wie aus dem Hausener Visitationsprotokoll hervorgeht, in dem man lesen konnte, dass die Schüler »Mathias Siegrist und Johann Peter Hebel die Geometrie vorzüglich begreifen.«[19] Außer diesen ganz praktischen gab es aber auch theologisch-philosophische Gründe, sich mit der Mathematiklehre von Christian Wolff zu beschäftigen. Schließlich ging die Neologie davon aus, dass ein Vernunftwesen, das in der Lage ist, die im Kosmos gegebene Ordnung zu erkennen, dazu fähig sei, auch im Alltag sich von rationalen Regeln, Gesetzen und Prinzipien leiten zu lassen. Unter diesen Voraussetzungen war die Mathematik die Basis einer universalen Wissenschaft des Maßes und der Ordnung. Sie lieferte das Modell für das Strukturieren der Welt nach einer kohärenten Menge von rationalen Grundsätzen. Doch die Mathematik hatte für Hebel auch einen ganz lebenspraktischen Wert: Wer rechnen konnte, war nicht so leicht zu betrügen. Das Rechnen war sozusagen ein Teil des Verstandes, den man brauchte, um glücklich zu werden. Ebenso wie für die Neologie waren Besitzerwerb und menschliches Glück für Hebel kein Widerspruch. Zur Frage der Mehrung des Wohlstands war Hebel derselben Ansicht wie sein Landesherr, der Markgraf Karl Friedrich. Man musste den Ratschlägen der Physiokraten folgen. Nach deren Auffassung gab es Reichtum nur dann, wenn man einen Überfluss zur Verfügung hatte.

Karlsruher Marktplatz mit der von Friedrich Weinbrenner 1807–1811 erbauten evangelischen Stadtkirche.

Vor allem der Ackerbau war für die Physiokraten eine »göttliche Manufaktur«, mit deren Hilfe sich der Wohlstand eines Landes vermehren ließ. Denselben Zweck erfüllten auch die Bergwerke. Hebel, der in seiner Kindheit im Hausener Eisenwerk gearbeitet hatte, war an dieser Form der Produktivitätssteigerung besonders interessiert. In seinen Exzerptheften tauchen immer wieder Beiträge zur bergmännischen Terminologie, zu neuen Verfahren oder zu Statistiken im Hinblick auf die »Eisenmanipulation« in Korsika, Spanien, Sizilien und der Steiermark auf. Eingang gefunden hat dieses Interesse in sein alemannisches Gedicht »Der Schmelzofen« und seine wohl berühmteste Kalendergeschichte »Unverhofftes Wiedersehen«.

So sehr Hebel die Vernunft und die Rationalität in den Vordergrund stellte, so entschieden war seine Antwort auf die Frage nach der Vereinigung der Vernunft mit dem »Gemüt«: Vernunft und Gefühl, da war er sich mit den Pietisten ebenso wie den Protagonisten der »empfindsamen« Literatur einig, mussten zur Übereinstimmung gebracht werden. Wie wichtig Hebel die Literatur der Empfindsamkeit war, zeigen seine frühen Exzerpte aus den »Night-Thoughts« von Edward Young (362–366). Die »Sinnlichkeit«, schrieb er im Juli 1800 an Christian Theodor Wolf,[20] »will nicht besiegt, sondern gewonnen sein, nicht als Sklavin der Vernunft einem ihr fremden, sondern als befreundete Bundesgenossin einem gemeinschaftlichen Zwecke dienen«. Für Hebel repräsentierten vor allem die »anakreontischen« Dichter Friedrich

Illustration zu Hebels Erzählung »Unverhofftes Wiedersehen«.

von Hagedorn (1708–1754), Johann Peter Uz (1720–1796), Karl Wilhelm Ramler (1725–1798) und Johann Nikolaus Götz (1721–1781) diese anti-rationalistische Gegenposition zur von Immanuel Kant (1724–1804) beeinflussten Aufklärungsphilosophie, aber auch zum orthodoxen Christentum mit seinen überfordernden, rigiden Leistungs- und Perfektionsidealen. In Hebels Exzerptheften kommt diese anakreontische Umwertung der bescheidenen und alltäglichen Elemente des menschlichen Lebens, der von der Orthodoxie verachteten sinnlichen und materiellen Seiten, immer wieder zum Ausdruck. Die gewöhnliche Erfüllung und das für uns erreichbare normale Glück, so die Botschaft, soll der Mensch nicht verachten und vernachlässigen. Der Körper, das Begehren, die Gefühle sollen wieder die Rolle spielen, die sie in der geselligen Kultur des einfachen Volks haben. Deshalb besingen die Anakreontiker die Liebe, den Wein, die Geselligkeit. Deshalb wird der heitere Lebensgenuss, das Landleben, der Kontakt mit der Natur und eine Öffnung für tiefere Empfindungen propagiert. In Hebels Exzerpten zur Religion des Volks (1271), im »Sonntagslied eines Bauern« (609), in Jerusalems »Betrachtungen über die vornehmsten Wahrheiten der Religion« (1101–1167), vor allem aber in den Exzerpten aus den Gedichtbänden von Karl Wilhelm Ramler und Johann Nikolaus Götz (1193, 1227, 1244, 1245, 1275) steht die Rehabilitation der Sinnlichkeit im Mittelpunkt. Wie sehr sich Hebel damit abseits all dessen bewegte, was die Mehrheit seiner Berufskollegen dachte und praktizierte, veranschaulicht sehr eindrucksvoll sein Exzerpt zum Schweizer Brauch des »Klipgangs«. Voller Sympathie notierte er sich aus dem Bericht des Karlsruher Mathematikprofessors Böckmann:

»Klipgang. Er ist ein Überbleibsel der Alten Zeit. Mädchen machen ohne Verletzung ihres guten Namens ihre Verlobten vor der Hochzeit glücklich. Die Ehre eines Bernerischen Mädchens leidet nichts dabei, wenn sie Besuche eines Liebhabers annimmt; nur wenn sie ihren Anbeter wechselt wird sie für liederlich gehalten. Weil solche vertrauliche Zusammenkünfte nichts Böses zur Absicht haben, und gleichsam durch Gewohnheit gesetzmäßig sind, so werden sie auch gar nicht geheim gehalten, sondern die Eltern und das ganze Dorf sind davon unterrichtet. Selten *wird ein Bauernmädchen verheiratet das nicht schwanger wäre. Daher eine sonst unweise, aber um des grössern Mißbrauchs willen nötige Strenge des Chorgerichts, nach welcher jeder seine Geschwängerte in die Kirche führen muß. Weise Milde, Aufmerksamkeit auf den Wohlstand des Landmanns, Schutz gegen Bedrückung zeichnen die Berner Regierung aus, machen die Unterthanen mit ihr zufrieden und schützen sie vor Umsturz.« (1252)*

Verknüpft mit seiner »natürlichen Theologie« war Hebels Interesse für naturkundliche Erkenntnisse, die auf Forschungsreisen in ferne Länder gemacht wurden. So exzerpierte Hebel beispielsweise aus der Gothaer Gelehrten Zeitung vom November 1782 folgende geografische Merkwürdigkeiten:

»Der Spanier tragt Brillen zum Staat, Fächer im Mondschein, Butter nach der Ehle [Elle] verkauft. Schafe sind so viel, daß 40000 Schäfer erforderlich sind. Hunde in Grönland Zugthiere. Pferde sind Edelleut in Arabien. In Angola bekommt man 2 Sklaven für einen fetten Hund, bei den Persern ist die linke Seite die Ehrenseite, bei einigen Völkern tragen die Weiber Wasser im Mund, daß sie nicht zuviel reden können, nämlich in Nigritien [Sudan].« (560)

Titelblatt des »Kurfürstlich Badischen Landkalenders« von 1806.

Wenn Hebel später in seinem »Unabgeforderten Gutachten«[21] mit Blick auf die Lektürepräferenzen des Kalenderpublikums dafür plädierte, sich am Geschmack des Lesers zu orientieren, plädierte er auch für seine eigenen Vorlieben. Wenn er vom Bauern sprach, sprach er auch von sich selbst: »Auch der Bauer mag gerne wissen, was ausser seiner Gemarkung vorgeht und will, wenn er unterhalten und afficiert werden soll, etwas haben, von dem er glauben kann, es sey wahr.« Ebenso wie die Enzyklopädisten Diderot und d'Alembert bemühten sich die Gelehrten am Ende des 18. Jahrhunderts, das auf Reisen Entdeckte zusammenzufassen und neu zu ordnen. In Hebels Exzerptheft wird diese neue Einstellung des Menschen zur Welt und der daraus resultierende Konstruktivismus und Zweckrationalismus zu einem Leitthema. So sind beispielsweise Beobachtungen zu »ganz mit Haaren bewachsenen Menschenarten« auf der Insel Sumatra (1199), Untersuchungen zum Einfluss des Magnetismus (1247), Rekapitulationen über vierfüßige Tiere

Titelblatt des »Rheinländischen Hausfreunds« von 1819.

Mencke, Johann Burkhard: Compendiöses Gelehrten-Lexicon. Leipzig: Gleditsch 1726.

Gelehrtenlexicon

Hebel, Johann Peter: Allemannische Gedichte. Karlsruhe 1803.

auf Batavia und Java (1274), Berichte über die Sitten der Hottentotten, über das lebendige Begraben der Alten und Gebrechlichen (1288) oder das Experimentieren mit dem Pendel am Äquator (1326) anzutreffen. Hebel machte sich Notizen sowohl zu einer Rezension von Georg Forsters »Florulae insularum Australium prodromus« in der Allgemeinen Literatur-Zeitung vom Jenner 1787 (1267) als auch zu Johann Reinhold Forsters vom Sohn übersetzten »Bemerkungen über Gegenstände der physischen Erdbeschreibung«, die später auch den Weg in seine Bibliothek fanden (1276–1279). Sein Interesse richtete sich auf die »Struktur«, beispielsweise die Möglichkeit der Einordnung in das System von Carl von Linné, von Albatrossen, Pinguinen und Pelikanen. Medizinisch motiviert war dagegen sein Interesse an durch das Verzehren von Goldbrassen hervorgerufenen Fischvergiftungen.

Ausführlich exzerpiert hat Hebel die Werke des neologischen Theologen Gottfried Leß (1736–1797). Auch Gottfried Leß verfolgte mit seinen Schriften das Ziel, die Bilder und Gleichnisse der Bibel in die Sprache der Aufklärungstheologie zu übersetzen. Weil er in der Tradition der Reformatoren sämtliche Vermittlungsinstanzen zwischen den Menschen und Gott durch Mönche, Priester und Heilige ablehnte, sah er es als seine Aufgabe an, die richtige innere Einstellung zu begründen. Emotionen galt es nach seiner Auffassung nicht radikal und rigoros zu unterdrücken, sondern weise und vernünftig zu beherrschen. Gott habe den Menschen als begrenztes Wesen geschaffen, deshalb sei er durch seine sinnlichen Neigungen, wie Zorn (462) und Melancholie (473), die die Vernunfterkenntnis zuweilen verdunkelten, verführbar. Attraktiv war für Hebel die »gedoppelte Theologie« von Gottfried Leß auch deshalb, weil sie eine Gesinnungsethik, aber auch für den Alltag nützliche Lebensklugheiten lieferte. Offensichtlich studierte er unter diesem Aspekt dessen Bücher, wie seine Exzerpte aus den Schriften »Vom Gebet« (439–465), »Vom Selbstmord« (466–473), der »Praktischen Dogmatik« (668–699) sowie der »Lehre vom inneren Gottesdienst« (1204–1208) dokumentieren. Während die Orthodoxie die Gefühle und Leidenschaften der Menschen begrenzte, wurden sie von Gottfried Leß rehabilitiert. Die Vorrangstellung, die der Entscheidungsfreiheit des Individuums in Hebels Werk eingeräumt wurde, war zu Beginn des 19. Jahrhunderts nicht die Regel. Ein radikaler Anspruch auf individuelle Selbstverwirklichung, ohne die Gesellschaft und ohne Religion: Das wäre für Hebel allerdings eindeutig eine falsche Auslegung des christlichen Glaubens gewesen!

Anmerkungen

1 Der Johann Peter Hebel-Preis 1936–1988, hrsg. vom Oberrheinischen Dichtermuseum, Waldkirch 1988, S.105.

2 Zentner, Wilhelm: Johann Peter Hebel, Karlsruhe 1965, S. 27.

3 Rohner, Ludwig: Kritische Anmerkungen eines späten Hebellesers. In: Johann Peter Hebel. Eine Wiederbegegnung zu seinem 225. Geburtstag, Ausstellungskatalog Karlsruhe, Karlsruhe 1985, S. 208.

4 Foucault, Michel: Die Ordnung der Dinge, Frankfurt am Main 1974, S.25.

5 Kühlmann, Wilhelm: Facetten der Aufklärung in Baden. Johann Peter Hebel und die Karlsruher Lateinische Gesellschaft, Freiburg i. Br./Berlin/Wien 2009, S. 10.

6 Wunderlich, Reinhard: Johann Peter Hebels »Biblische Geschichten«, Göttingen 1990, S. 83.

7 Die Ziffern beziehen sich auf die Nummerierung der Exzerpthefte.

8 Hebel, Johann Peter: Briefe, ausgewählt und herausgegeben von Wilhelm Zentner, Karlsruhe 1957, II, Nr. 351, S. 545.

9 Hebel, Johann Peter: Briefe I, Nr. 56, S. 104.

10 Hebel: Werke I, S. 496.

11 Hebel: Briefe I, Nr. 117, S. 215.

12 Hebel: Werke I, S. 496.

13 Hebel: Briefe I, Nr. 252, S. 417.

14 Hebel: Briefe II, Nr. 549, S. 728.

15 Mendelssohn, Moses: Jerusalem oder Über religiöse Macht und Judentum, Frankfurt, Leipzig 1787.

16 Mendelssohn, Moses: Morgenstunden oder Vorlesungen über das Daseyn Gottes, Frankfurt 1786, S. 58.

17 Kölle, Christoph Friedrich: Zu Hebel's Ehrengedächtnis vom Adjunkten des Rheinländischen Hausfreundes. In: Hebel, Johann Peter: Die Kalendergeschichten, hrsg. von Hannelore Schlaffer und Harald Zils, München, Wien 1999, S. 739.

18 Vgl. Kühlmann (2009), S. 31.

19 Generallandesarchiv, Faszikel 773–792, Herrschaft Roetteln, Kirchen-, Pfarr- und Schulvisitationssachen.

20 Hebel: Briefe I, Nr. 50, S. 90.

21 Hebel: Werke I, S. 433.

Literatur

Der Johann Peter Hebel-Preis 1936–1988, hrsg. vom Oberrheinischen Dichtermuseum, Waldkirch 1988.

Foucault, Michel: Die Ordnung der Dinge, Frankfurt am Main 1974.

Hebel, Johann Peter: Sämmtliche Werke, 8 Bde., Karlsruhe 1832–1834.

Hebel, Johann Peter: Briefe, ausgewählt und herausgegeben von Wilhelm Zentner, Karlsruhe 1957.

Hebel, Johann Peter: Werke, hg. von Wilhelm Altwegg, 2 Bde, Zürich, Freiburg i. Br. 1958.

Kölle, Christoph Friedrich: Zu Hebel's Ehrengedächtnis vom Adjunkten des Rheinländischen Hausfreundes. In: Hebel, Johann Peter: Die Kalendergeschichten, hrsg. von Hannelore Schlaffer und Harald Zils, München, Wien 1999.

Kühlmann, Wilhelm: Facetten der Aufklärung in Baden. Johann Peter Hebel und die Karlsruher Lateinische Gesellschaft. Freiburg i. Br./Berlin/Wien 2009.

Mendelssohn, Moses: Jerusalem oder Über religiöse Macht und Judentum, Frankfurt, Leipzig 1787.

Mendelssohn, Moses: Morgenstunden oder Vorlesungen über das Daseyn Gottes, Berlin 1785.

Rohner, Ludwig: Kritische Anmerkungen eines späten Hebel-Lesers. In: Johann Peter Hebel. Eine Wiederbegegnung zu seinem 225. Geburtstag. Ausstellungskatalog Karlsruhe, Karlsruhe 1985.

Wunderlich, Reinhard: Johann Peter Hebels »Biblische Geschichten«, Göttingen 1990.

Zentner, Wilhelm: Johann Peter Hebel, Karlsruhe 1965.

Exzerpieren als Methode

»Exzerpieren« beziehungsweise »excerpieren« gehört zu den wissenschaftlichen Methoden und Arbeitstechniken sämtlicher Fächer der Wissenschaft. Es ist die Praxis des Zusammenstellens von Quellentexten unter bestimmten Gesichtspunkten und Fragestellungen. Exzerpte sind Textabschnitte, welche die Aussage ausgewählter Quellen und Sachtexte im Kern zusammenfassen. Dies kann in zwei verschiedenen Arten geschehen: Es gibt wörtliche und sinngemäße, paraphrasierende Bearbeitungen.

Ein wissenschaftliches Exzerpt hält die strenge Trennung zwischen dem Text des exzerpierten Autors und den Gedanken des Exzerptors ein. Dies beinhaltet die genaue Angabe des Quellentextes, auch bei der nur sinngemäßen Wiedergabe der Quelle.

In der äußeren Struktur sind Exzerpte vor allem durch Absätze und Nummerierungen gekennzeichnet. Exzerpthefte haben zur Eigenschaft, dass Quellen nicht in einheitlichen Abfolgen bearbeitet werden, sondern dass ein »Durcheinander« von Quellentexten ein heterogenes, thematisches Gefüge bedingt. Das kann und sollte bei wissenschaftlichen Exzerpten durch ein Ordnungssystem gebannt werden, das mit Schlagworten und/oder Autornamen arbeitet.

Das Exzerptheft ist somit eine Vorstufe der wissenschaftlich ausformulierten Arbeit, die in ihrer kausalen und logischen Struktur der Methode des Exzerpierens entgegensteht. Der Exzerptor begibt sich auf die Suche nach Antworten auf bestimmte Fragestellungen oder nach einem bestimmten Komplex, er sucht nach den Grundlagen wissenschaftlicher Erkenntnis. In dieser Vorstufe ist eine Erklärung, wie mit den Quellen verfahren wird, nicht von Belang.

Diese Form der Quellenkunde resultiert aus den praktischen Umständen einer Zeit, in der Bücher teure Raritäten waren und deren Studium nicht ohne weiteres möglich war. So wurden diese Abschriften Teil einer »individuellen Bibliothek in Auszügen«, die der Wissenschaftler, im Gegensatz zu den Quellenbüchern, zu jeder Zeit einsehen konnte.

Heute wird ein weiterer Vorteil des Exzerpierens erfahrbar: Das maschinelle Kopieren von Texten ermöglicht bei weitem nicht die Form von Mnemotechnik, die durch das Lesen und Abschreiben der Texte entsteht.

Geistliche Gedichte des Grafen Nikolaus Ludwig von Zinzendorf, gesammelt und gesichtet von Albert Knapp, J. C. Cotta'scher Verlag, Stuttgart / Tübingen 1845.

(Hebel exzerpierte das Gedicht aus einer älteren Ausgabe, vgl. Exzerpt 316.)

Vom Werth verschid[ener] Religionen
Es zihet mancher Weg u[nd] Ban
Hin nach d[em] grossen Ozean
Ein ieder sehe nur darauf
Daß er nur gehe seinen Lauf
x
Der Wege sind unzehlig vil
Ein ieder hat sein eigen Zil
+
So wisst d[er] rechte Weg ist schmal
In allen Segen überal
Ein breiter Weg ist allemal
Ein Weg der Thoren zu der Kwal

Wie exzerpiert Hebel?

Hebel exzerpiert aus zahlreichen theologischen, philosophischen, naturwissenschaftlichen und literarischen Werken, die in der Ausstellung den korrespondierenden Nummern aus seinen Exzerpten gegenübergestellt sind. Seine Quellenangaben sind dabei nicht immer vollständig. Da Hebel sowohl zitiert als auch paraphrasiert, ist es nur zum Teil möglich, die genaue Textstelle der Quelle vorzulegen. Die Fülle an Quellen verrät auch etwas über die Anzahl der Themenkomplexe: Neben den großen Schwerpunkten Theologie, Philosophie, Aufklärung und Pädagogik finden sich Studien über Geometrie, Bienenzucht, Bergbau und populäre Zeitschriften (wie das »Magazin für Frauenzimmer«) im Kontext seines Programms der Spätaufklärung.

Der Schritt von den Exzerpten zum Werk ist zum Teil nachvollzogen. Vor allem erarbeitet sich Hebel aus seinen Abschriften Ansichten über die Möglichkeiten der Sprache.

»Worin liegt das Geheimnis der Sprache Hebels?«, fragt Heidegger in »Hebel – Der Hausfreund« und enthält dem Leser die Antwort nicht vor: »Nicht in einem gekünstelten Stilwillen, auch nicht in der Absicht, möglichst volkstümlich zu schreiben. Das Geheimnis der Sprache des Schatzkästleins ruht darin, dass Hebel es vermochte, die Sprache der alemannischen Mundart der Hoch- und Schriftsprache einzuverleiben.«

Die Vorarbeit hierzu zeigt sich vor allem im letzten Heft (H86). Hier untersucht er die geographische Verortung und die Ursprünglichkeit der Sprache, in der er in seinem späteren Werk schreibt.

Hebel markiert seine Exzerpte nicht mit Datierungen. Wann die einzelnen Abschnitte geschrieben wurden, ist nur mit Blick auf die Quellen wie Zeitschriften und Zeitungen ersichtlich. Daraus ergibt sich folgende chronologische Ordnung:

- Exzerptheft Nr. 84 ist auf die Jahre 1781–1783 zu datieren. Das Exzerptheft vereint die Exzerpte 217 – 699. So ist davon auszugehen, dass ein erstes Heft nicht überliefert ist.

- H 85 beginnt mit der Nummer 1124, was auf ein fehlendes Heft mit dem Umfang von ca. 2 Jahren, schließen lässt. H 85 vereint den Zeitraum 1785 – ca. 1790.

- H 86 beinhaltet die Exzerpte 1330–1336 und 1348–1350 (Lücke korrespondiert mit 5 leeren Blättern). Auf Nr. 1350 folgen 20 leere Blätter, alle übrigen Einträge in diesem Heft (immerhin noch 40 Seiten) sind nicht mehr nummeriert. Dieses Heft ist auf die Zeit zwischen 1790–1802 zu datieren.

Hebel nummeriert in den Exzerpten H84 und H85 konsequent die verschiedenen Exzerpte und teilt sie zu Beginn der Exzerpthefte (im chronologischen Nachhinein) den entsprechenden Quellen zu. So entsteht eine Art Inhaltsverzeichnis, das auch gleich die quantitative »Nutzung« seiner Quellen offenbart und thematische Schwerpunkte erkennen lässt.

Transkriptionen*

Mosheim, Johann Lorenz von: Heilige Reden, Die bey ausserordentlichen Fällen und Gelegenheiten gehalten worden. Helmstädt: Weggand 1746

230

[...]

Der Christ ist ein Mensch der nach der Ähnlichkeit mit Gott strebt
der dem HErrn versprochen mit aller Treue und Redlichkeit
sich dahin zu bemühen, daß er nach allen Kräften der Seele verändert und also ein ganz neuer Mensch werde.
Sei[n] Zwek ist also. Vollkomenheit, Bild Gottes, Erneuerung der
Seele. Matth[äus] 5, 48. 2 Kor[inther] 5, 17. 1 Petr[us] 1, 15. 16.
[...]

Rezension aus: Gothaer Gelehrte Zeitung, September 1781. [Hebel bezieht sich auf: Bischoff, Ludwig Christoph Heinrich: Der Judenfeind. Ein Trauerspiel in einem Aufzug. Stendal: Franzen & Grosse 1780.]

339

Der Ungelerte 1779 Jenner bis Merz – der Fr[eund] d[er]
Warh[eit] April bis Christmonat (1 R[eichs]th[aler] 12 gl.) Stendal.
darin komt vor d[er] Judenfeind Tr[auer]spiel] 1 A[u]fz[ug] – Tegenseel:
v. Würde doch dises Stük öfter an Orten aufgefürt, wo
Prediger s[ich] erfrechen zu leren, der Allgerechte (der im A[lten] T[estament]
[25v] doch nur bis ins 4te Gl[ied] zu strafen drohte u[nd] villeicht es nie-
mals that,) d[er] Algütige räche noch heut zu Tag die Über-
eilung e[in]es blinden Pöbels, den se[in]e Priester verleiteten:
Kreuzige zu schreien u[nd] für welche Jes[us] am Kreuze bat
und für d[ie] heutigen (Juden) gewis noch bittet. Welch
Kontrast zwischen d[en] Leren v[on] Gott u[nd] denen welche s[ich] sei-
ne Botten nennen. _ 75. St[ück]
M[eine] A[nsicht] Weh! Daß man die Auffürung e[in]es Schauspils
wünschen mus um d[em] Volk die enterende Irthümer [zu]
benenen die ihm v[on] d[er] Kanzel herab eingepre-
digt worden sind

[Exzerpt aus: Gothaer Gelehrte Zeitung, Januar 1782.]

413

Dippel

Närrisch sagt er, seis zu glauben Gott mache keinen selig bis er ihn
orthodox gemacht habe. Es sei nirgends geboten und
[36v] könne nicht gebotten sein recht zu meinen s[on]d[e]rn Recht zu thun.
Selig der dises thue er sei Jud Türk Heid od[er] Christ.
[…]

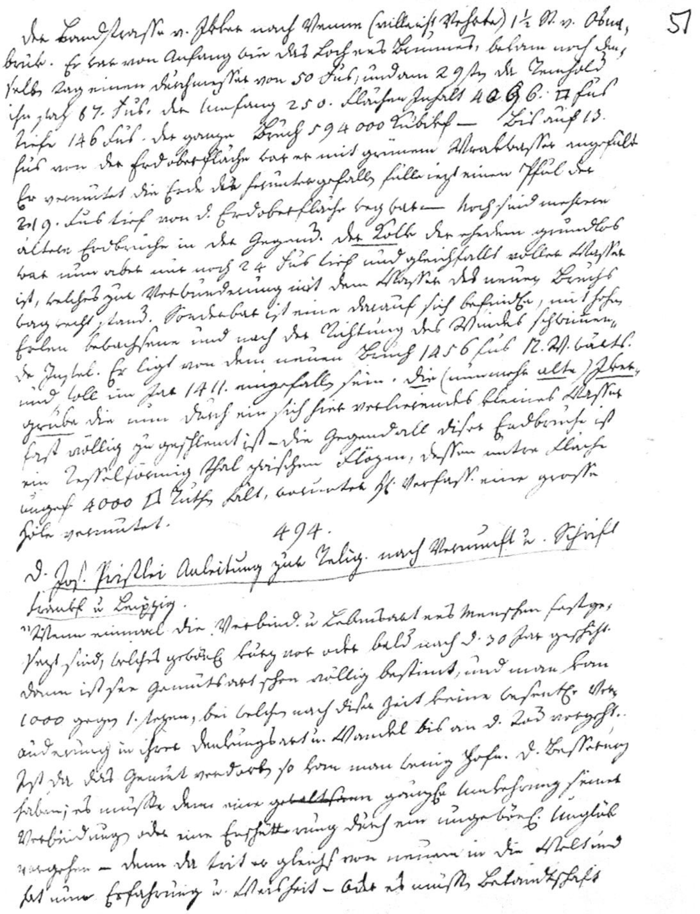

494

<u>D[es] Jos[ef] Pristlei Anleitung zur Relig[ion] nach Vernunft u[nd] Schrift Frankf[urt] u[nd] Leipzig.</u> [1782]

Wenn einmal die Verbind[ung] u[nd]Lebensart e[in]es Menschen festgesezt sind, welches gewönl[ich] kurz vor oder bald nach d[em] 30. Jar geschiht. Dann ist s[ein]e Gemütsart schon völlig bestimt, und man kan 1000 gegen 1 sezen, bei welchen nach diser Zeit keine wesentl[iche] Veränderung in ihrer Denkungsart u[nd] Wandel bis an d[en] Tod vorgeht.

[...]

Jung-Stilling, Johann Heinrich: Heinrich Stillings Wanderschaft. Eine wahrhafte Geschichte. Berlin, Leipzig: Decker 1778

583

[...]
Geht weil er im Schulhalten un-
glükl[ich] war und es zu Haus bei einer Stiefmuter nicht aus
halten konte, auf die Wanderschaft, verdingt sich hier
als Schneidergeselle dort als Informator, komt zu Meister
Jakob einem verehrungswürdigen Schneider, der seiner Gewissen-
[67v]haftig und Frömigkeit den Schwung zum Pietism[us] gab, und ihn
mit H[errn] Spanier seinem Nachmaligen wolthätigen Pat-
ron bekandt machte. Er wurde des leztern Buchhalter.
Bis hieher herrschte im[m]er eine ihm nicht zu erklärende
Unruhe ein sonderbarer Trib in ihm. Er fülte im[m]er, daß er
nicht auf der Stelle stand, auf die er gehörte. H[err] Spanier
der an sein Glük die lezte Hand anlegen wolte rieth ihm
Medizin zu studiren. P. da war der Trib erklärt. Das zu sein
war er geschafen.
[...]

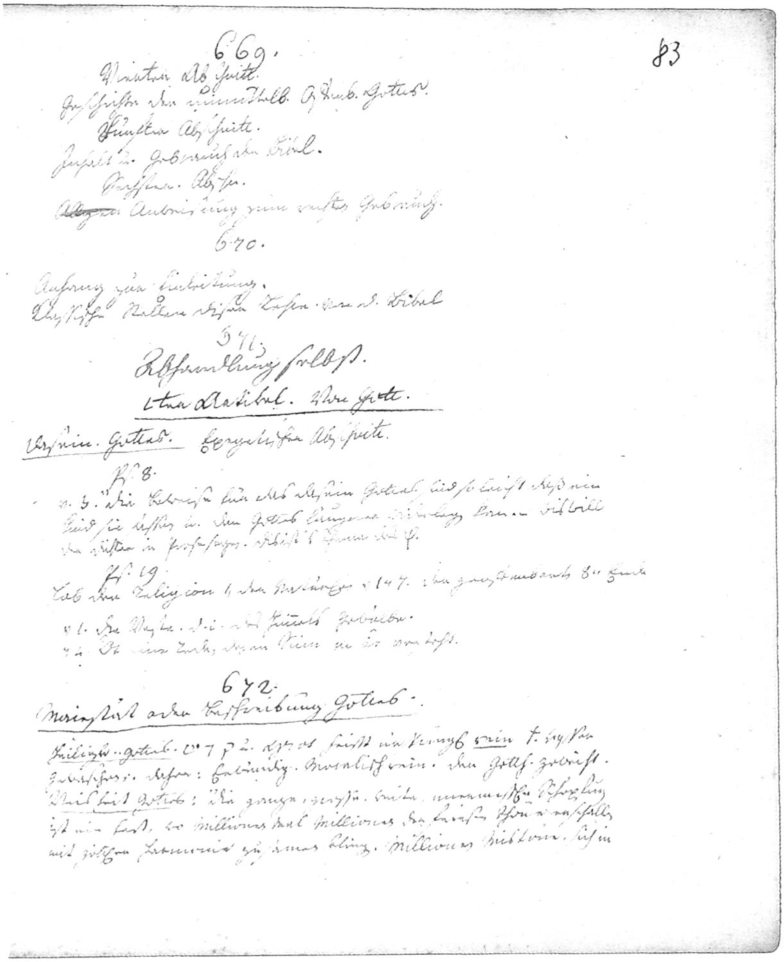

Leß, Gottfried: Christliche Religions-Theorie fürs gemeine Leben, oder Versuch einer Praktischen Dogmatik, Verlag Vandenhoeck, Göttingen 1779.

671

Abhandlung selbst.

<u>1ter Artikel. Von Gott</u>

<u>Dasein Gottes</u>. Exegetischer Abschnitt.

Ps[alm] 8.

v[ers] 3. »Die Beweise für das Dasein Gottes sind so leicht, daß ein Kind sie fassen u[n] den Gottes läugner widerlegen kan. _ Dis will der Dichter in Prosa sagen. Dis ist [da]s Thema des P[salms].

[...]

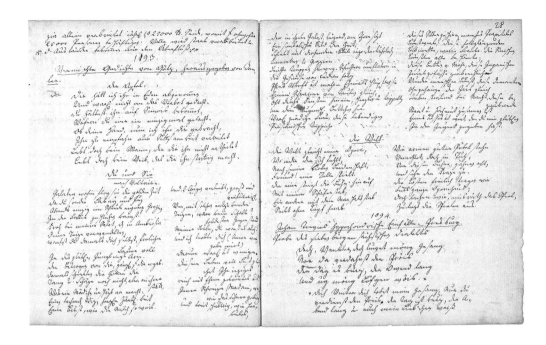

Goetz, Johann Nikolaus: Vermischte Gedichte. T. 1–3, hrsg. von Karl Wilhelm Ramler.
Mannheim: Schwan 1785.

1193

Vermischte Gedichte von Götz, herausgegeben von Ramler

[…]

Die Welt.

Die Welt gleicht einer Opera
Wo ieder der sich fühlt,
Nach seiner Lieben Leidenschaft,
Freund! eine Rolle spielt.
Der eine steigt die Bühn' hinauf
Mit einem Schäferstab,
Ein andrer mit dem Marschalsstab
Sinkt ohne Kopf herab.

Wir armen guten Pöbel stehn
Verachtet. doch in Ruh
Vor dieser bühne, gähnen oft,
Und sehn der Fraze zu.
Die Kosten freilich tragen wir
Fürs ganze Opernhaus;
Doch lachen wir, misräth das Spiel
Zulezt die Spieler aus.

Mendelssohn, Moses: Morgenstunden, oder Vorlesungen über das Daseyn Gottes,
1. Teil, Berlin: Voß 1785.

1242

§ 3. *Evidenz der unmittelbaren Erkentniß _ Vernunfterkentniß _ Naturerkentniß.*

[...]

Wahrheit ist iede Erkentniß, die eine Wirkung unsrer positiven
Seelen Kräfte ist.

[...]

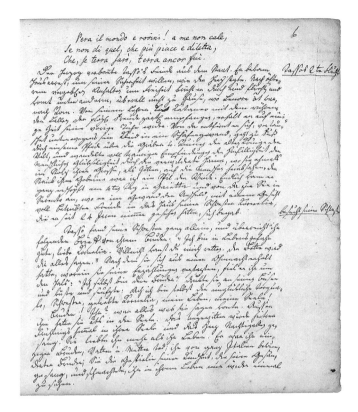

Tasso, Torquato: Das befreyte Jerusalem, 4 Bde. Mit allerhöchstem kaiserlichen und höchstem kuhrfürstlich-pfälzischen Privilegium, Mannheim 1781.

1125

[...]

Endlich kam er
ganz erschöpft am 4ten Tag in Gaietta und von da zur See in
Sorento an, wo er im Gewand der Unschuld, mit einem Gesicht
voll betrübter Freude in das Haus seiner Schwester Kornelia,
die er seit 24 Jaren nim[m]er gesehen hatte, sich begab.   *besucht seine Schwester*

*   Tasso fand seine Schwester ganz allein, und überreicht ihr*
folgenden Brieff von ihrem Bruder: »Ich bin in Lebensgefahr
gute, liebe Kornelia. Villeicht kanst du mich retten. Der Botte wird
dir alles sagen.« Nachdem sie sich aus einer Ohnmacht erholt
hatte, worein sie seine Erzählungen versezten, fiel er ihr um
den Hals: »Ich selbst bin dein Bruder.«
[...]

40

1225.

Berlinische Monats Schrift:1, <u>Muthmaßlicher Anfang der Menschengeschichte v[on] Kant,</u>
<u>Jenner,</u> 1786.

[...]

Dieser Schritt ist zwar d[en] Menschen ehrend. Aber die Entlassung desselben
aus d[em] Mutterschoose der Natur zugleich für ihn gefahrvoll, in dem sie
ihn aus der Kindespflege, gleichsam aus e[in]e Garten, der ihn ohne Mühe
versorgte heraustrieb v[ers] 23 u[nd] in die Welt hinaus stieß, wo viel Un-
gemach sein wartete. Künftig wird er sich oft zurük sehnen, aber es la-
gert sich im Wege, die rastlose, zur Entwiklung d[er] Fähigk[eit] unwider-
stehl[ich] treibende Vernunft, die es nicht erlaubt, in d[en] Stand der Roheit
u[nd] Einfalt zurük zu kehren.

[...]

1333.
In avarum

15. Ah, foetet nimis! Huic foeded Maronis avari
Corpus inest, et mens. Flecte [viator] iter.
Nic. Barbonii Vard.

Auf Ludwigs Grab.

16. [...]

Pauperies.
17. Ite alio fures, non hic est occasio lucri
nam fida est custos addita pauperies.
Angelo Politiano

Auf d. Fall.
18. [...]

Gute Entschuldigung
19. [...]
Mon.
Göthe.

1333

[...]

Entschuldigung
Du verklagest das Weib, sie schwanke von ei-
nem zum andern
Tadle sie nicht – sie sucht einen beständigen
Man[n].
Göthe.

[»Sinngedicht« von Johann Peter Hebel.]

1335

[...]

Tod u[nd] Kam[m]erdiener.

Ist sein H[err] allein
So meld er den Freund Hain.
Nicht allein – die Ärzte Hinz u[nd] Felber
Adieu Freund! Die bringen ihn schon selber.

[...]

Braga und Hermode oder Neues Magazin für die vaterländischen Alterthümer der Sprache, Kunst und Sitten, hg. von Friedrich David Gräter, Bd. 1–5, Breslau, Leipzig 1796–1812.

[47r]

[...]

2 *Die Deutsche.*

     a, die Oberdeutsche, Fränkische

       allemanische, mit einem Na-

       men Theutische. Von ihr:

          Schwäbische des Mittelalters

          Jetzig Hochdeutsche.

          Cimbrische Sprache der Heu-

            tigen Cimbern um Ve-

            rona u[nd] Vicenz[a].

[...]

[J.W. von Goethe]

1350.

Heideröslein.

Sah ein Knab ein Röslein stehn,
Röslein auf der Heiden,
War so iung u[nd] morgenschön,
Lief er schnell es nah zu sehn,
Sah es voller Freuden.
Röslein, Röslein, Röslein roth
Röslein auf der Heiden.

[...]

Kremer, Christoph Jakob: Geschichte des Rheinischen Franziens unter den Merowingischen und Karolingischen Königen bis in das Jahr 843 als Grundlage zur Pfälzischen Staats-Geschichte, Mannheim 1778.

[1350/49r]

[...]

Zur Geschichte d[er] Alleman[n]en.

     Kremers rheinisches Franzin Man[n]h[eim] 1778.

Im 4ten Jarh[undert] hatte Deutschl[and] noch

5. Hauptnationen Franken, Alle-

mannen, Sachsen, Thüringer Bayern.

     Die All[emannen] wohnten den Rhein hinauf

anfängl[ich] zwischen Mayn u[nd] Nekar, dan[n]

zwischen Lahn u[nd] Donau.

[...]

Aufklärung

Bereits als Schüler wurde Hebel mit den Widersprüchen zwischen einer christlich begründeten Vernunftkritik und einer auf Glückseligkeit bezogenen Philosophie konfrontiert. Seine Exzerpthefte belegen seine Aufgeschlossenheit für philosophische Positionen, die diese Spannung zu überwinden versuchten. Wichtige Gewährsleute in dieser Hinsicht waren für ihn prominente Anhänger der »natürlichen« Theologie: Johann Friedrich Wilhelm Jerusalem, Gotthold Ephraim Lessing und Moses Mendelssohn. Das Problem, das sie zu lösen versuchten, war die offensichtliche Zweideutigkeit der »natürlichen« Theologie. Einerseits nahm diese das Recht des Menschen auf Selbstbestimmung und Religionsfreiheit in Anspruch. Auf der anderen Seite jedoch gab es das Recht der Religionen auf Wahrheit.

Hebels Exzerpte legen es nahe, dass er dem Wahrheitsbegriff der »natürlichen« Theologie, insbesondere dem von Moses Mendelssohn wohlwollend gegenüberstand: »Wahrheit ist jede Erkenntnis, in so weit sie das positive Vermögen unserer Seele zum Grunde hat« (vgl. H 85, 1242).

Hebel, das zeigen auch seine Kalendergeschichten, vertraute wie Mendelssohn auf eine »gute« Natur, ein »gutes« Gewissen des Menschen und auf die Fähigkeit, »natürlicherweise« Gut und Böse zu unterscheiden.

Aus diesem Grund war ihm das Selberdenken wichtiger als der Gehorsam gegenüber Anweisungen zur Emanzipation, wie etwa Immanuel Kants berühmtem Diktum: »Habe Mut, dich deines eigenen Verstandes zu bedienen«.

Das »positive Vermögen der Seele«, davon war Hebel überzeugt, konnte nicht durch »bloße« Erziehung bewirkt werden. Um mit den Widersprüchen des Lebens fertig zu werden, benötigte man eine pragmatische, situative Ethik, die auch, im Gegensatz zu Immanuel Kants Verurteilung der Lüge, ein begrenztes Verschweigen der Wahrheit in Ausnahmesituationen einschloss.

Hebel blieb somit der anti-kantianischen und eklektischen Philosophie seines Lehrers am Gymnasium, Gottlieb August Tittel, verbunden. Die Begründungen für dieses Denken suchte Hebel allerdings nicht bei den Philosophen, sondern in den Traditionen der Literatur.

Hebeldenkmal im Schlossgarten in Karlsruhe (1835)

Exzerpthefte und Theologie

Der Schwerpunkt seiner theologischen Auseinandersetzungen bezieht sich auf die sogenannte »Neologie«, eine aufgeklärte Richtung innerhalb des Protestantismus zwischen 1740 und 1790, die sich um Verknüpfung von Glauben und Vernunft bemühte. Intensiv mit neologischen Problemen zu tun haben in erster Linie seine Exzerpte aus den Werken von Johann Lorenz Mosheim (1693–1755), Johann Salomon Semler (1725–1791), Gottfried Leß (1736–1797), Johann Friedrich Wilhelm Jerusalem (1709–1789) und Johann Konrad Dippel (1673–1734).

Im Zentrum steht die Vereinbarkeit von Offenbarung und Naturwissenschaft, die Plausibilität von Bibelwundern, der poetische Gehalt der Bibel, die Frage des Kanons der Kirche sowie ihrer Geschichte, Spaltungen und Verzweigungen.

Hebels Religionsverständnis, das die dogmatischen Begrenzungen der lutherischen Orthodoxie kritisierte, zielte auf eine existentielle Aneignung der Wahrheit Gottes. Deshalb waren ihm die sittlichen Aspekte der Religion wichtiger als dogmatische Auslegung.

Wie Gotthold Ephraim Lessing (1729–1781) und Moses Mendelssohn (1729–1786) war Hebel davon überzeugt, dass es möglich sei, die Differenzen der Religionen durch den Dialog zu überwinden.

führt und den Band unnöthig vergrößert haben. Sie sind überdem, des Verfassers Zweck nach, hier nur Nebensache; mit Citationen und müssiger Gelehrsamkeit zu prahlen, war er nie gewohnt. Die weite Uebersicht, in welche er das ganze Reich theologischer Kenntnisse zusammenfaßt und bindet, und alles Schöne und Nützliche der sogenannten weltlichen Gelehrsamkeit zu seiner Bereicherung und Verschönerung benutzt: die Originalität, die Neuheit, das poetische Leben seiner Ansichten: die Menge genialischer Winke zu fruchtbarer Bearbeitung dieser Wissenschaft, die so oft das Unglück hat, durch willkürliche Behandlung und Modellirung nach den Schulsystemen der Zeit entstellt und von einem Scholastiismus zum andern hingerissen zu werden: das Leben und das Interesse für Humanität, das er in alle ihre Theile bringt, die praktische Richtung, die er ihr zum Vortheil ächter Menschenbildung zu geben trachtet: — die sind die Hauptsache! Vorzüge, die dem Verfasser auch bei Behandlung anderer Wissenschaften in so seltenem Grade eigen waren. Die allgemein gute Aufnahme, die dieses Buch fand, hat dieses Urtheil längst bestätigt.

Der folgende Theil wird nebst dem 4ten Theil die (noch ungedruckte) Fortsetzung dieser Briefe und andere Beilagen aus den Handschriften des Verfassers enthalten.

Schaffhausen, 12. Mai 1807.

J. G. Müller.

Erster Brief.

Es bleibt dabei, mein Lieber, das beste Studium der Gottesgelehrsamkeit ist Studium der Bibel, und das beste Lesen dieses göttlichen Buchs ist menschlich. Ich nehme dieß Wort im weitersten Umfange und in der andringendsten Bedeutung.

Menschlich muß man die Bibel lesen: denn sie ist ein Buch durch Menschen für Menschen geschrieben: menschlich ist die Sprache, menschlich die äußern Hülfsmittel, mit denen sie geschrieben und aufbehalten ist; menschlich endlich ist ja der Sinn, mit dem sie gefaßt werden kann, jedes Hülfsmittel, das sie erläutert, so wie der ganze Zweck und Nutzen, zu dem sie angewandt werden soll. Sie können also sicher glauben, je humaner (im besten Sinne des Worts) Sie das Wort Gottes lesen, desto näher kommen sie dem Zweck seines Urhebers, der Menschen zu seinem Bilde schuf, und in allen Werken und Wohlthaten, wo er sich uns als Gott zeigt, für uns menschlich handelt.

Glauben Sie nicht, daß ich Ihnen hiermit einen kahlen Gemeinort gesagt haben will; die Folgen dieses Grundsatzes, recht gefaßt und im ganzen Umfange erwogen, sind wichtig.

Herder, von dem Hebel die größte Anzahl von Büchern des gleichen Autors besaß, wollte mit seiner Schrift für den humanen Gehalt der Bibel sensibilisieren. Im Gegensatz zu Kants Lehre vom »interesselosen Schönen« vertrat er den Standpunkt, dass Literatur, Poesie und Kunst der Bildung einer humanen Persönlichkeit zu dienen habe. Hebels Exzerpt dokumentiert, dass ihn vor allem der pädagogische Aspekt an Herders »Briefen« interessierte.

Herder, Johann Gottfried von: Sämmtliche Werke zur Religion und Theologie. Stuttgart, Tübingen: Cotta, 1829. [Herder, Johann Gottfried: Briefe, das Studium der Theologie betreffend. Weimar 1780.]

1301
Herders Brieffe das St[udium] d[er] Th[eologie] betreffend.
1ster Br[ief]
<u>Richard Simon</u> ist d[er] Vatter d[er] Kritik A[ltes] u[nd] N[eues] T[estament] in den neuern Zeiten.
Brian Walton apparatus bibl[iae] Fig. fol. 1673 herausgegeben v[on] Dathe [Oktav] Leipz[ig] 1777.
Wähner antiquit. haebr. Gött[ingen] 1743. 2 Vol[umina] [Oktav]

Theologie

Sowohl Hebels Ausbildung als Schüler am Karlsruher Gymnasium als auch als Student an der Universität Erlangen erfolgte in einem Klima, das von der deutschen Aufklärung beziehungsweise der »Neologie« geprägt wurde. Diese aufgeklärte Theologie repräsentierte 1740 und 1790 eine Richtung innerhalb der protestantischen Konfession, die sich um die Verbindung zwischen Tradition und einem den neuen wissenschaftlichen Erkenntnissen gegenüber aufgeschlossenen Denken bemühte.

Unterschiede zwischen Neologie und lutherischer Orthodoxie gab es vor allem zur Frage der Erbsünde. Auch Hebel befürwortete, wie seine »Ideen zur Gebetstheorie« zeigen, die Lehre des Kirchenvaters Pelagius, der im Unterschied zu Augustinus davon ausging, dass der Mensch zum Guten fähig sei. Obwohl er die dogmatischen Einengungen seiner Kirche kritisierte und – sozusagen als kleinsten gemeinsamen Nenner eines aufgeklärten interreligiösen Dialoges – die sittliche Seite der Religion bejahte, weigerte sich Hebel, die seit der Französischen Revolution dynamisierte Entsakralisierung der Gesellschaft zu billigen.

Demgegenüber zielte Hebels Freiheitsbegriff auf die innere und äußere Unabhängigkeit von der Welt, wie sie programmatisch in seinem Aufsatz »Das Glück des Weisen« zum Ausdruck kam.

Wieder ganz in der Tradition Luthers konzentrierte sich diese Ethisierung der Religion auf die Ausbildung eines guten Gewissens, die jedoch in ihrer Bemühung um eine Restaurierung des Christentums auf die Zuhilfenahme des »Geistes«, das heißt auf eine Zufuhr von außen, auf göttliche Gnade also, angewiesen blieb.

Von welchen anthropologischen Prämissen er ausging, zeigt exemplarisch Hebels frühes Exzerpt aus den »Heiligen Reden über wichtige Wahrheiten der Lehre Jesu Christi« des Theologen und Kirchenhistorikers Johann Lorenz Mosheim (1693–1755), (H 84 223, 230, 344). Man findet dort einen zentralen Grundsatz von Hebels Religionsverständnis: »Der Christ ist ein Mensch der nach der Ähnlichkeit mit Gott strebt der dem Herrn versprochen […] sich dahin zu bemühen, dass er nach allen Kräften der Seele verändert und also ein ganz neuer Mensch werde.«

Mit anderen Worten: der Mensch ist bei Hebel eigenständig und ohne kirchliche Vermittlung zur Umkehr, zur Verwandlung, zur Erlösung, zur Wiedergeburt usw., die seit Augustinus »conversio« heißt, fähig. Er kann sich, wie seine »Proteuserphilosophie« postuliert, verwandeln. Thematisiert wird diese Fähigkeit in Hebels Werk u. a. in »Der Husar in Neiße«, »Blutbad in Neuburg am Rhein«, »Der Kommandant und die badischen Jäger in Hersfeld«, »Der Statthalter von Schopfheim«, »Jakobs Heimkehr und Aussöhnung mit seinem Bruder«, »Von dem verlorenen Sohn«…

Das Motiv einer an »vernünftigen«, das heißt lebensklugen und humanen Grundsätzen ausgerichteten Lebenspraxis durchzieht Hebels Werk von Beginn an. Eng damit verknüpft ist seine »Popularästhetik« sowie eine dem Laien verständliche Ausdrucksweise. Ein großes Vorbild in dieser Hinsicht war für ihn der Göttinger Theologe Gottfried Leß (1736–1797), aus dessen Schriften er nicht weniger als vier umfangreiche und gründliche Exzerpte anfertigte (439–465, 466–473, 668–699, 1204–1208): Während die Orthodoxie die Gefühle und Leidenschaften der Menschen fest an die Kandare nahm, durfte die Sinnlichkeit bei Leß eine vergleichsweise positive Rolle spielen. Auch in Hebels Werk spielte das Hören auf die innere Stimme der Natur, das meint auf das Gewissen, eine entscheidende Rolle. Wie wichtig ihm Fragen der »natürlichen« Theologie waren, zeigen entsprechende Exzerpte aus den Werken von maßgeblichen Vertretern dieser theologischen Strömung: aus Johann Friedrich Wilhelm Jerusalems (1709–1789) »Betrachtungen über die vornehmsten Wahrheiten der Religion« (1768) (1101–1167), aus der Allgemeinen Literatur-Zeitung (Jena, 1785) beziehungsweise dem als »Vermächtnis« hochgelobten »theologischen Nachlaß« von Gotthold Ephraim Lessing (1784) (1183) sowie aus Moses Mendelssohns (1729–1786) »Morgenstunden oder Vorlesungen über das Daseyn Gottes« (1795) (1240–1242). In der Tradition von Leibniz und Wolff wurde in diesen Schriften Gott auf physikotheologische Weise bewiesen: angesichts der Ordnung und der Harmonie in der Natur könne man auf einen Schöpfer und Urheber derselben schließen. Die Natur belehre den Menschen, Gott in der Nächstenliebe und Barmherzigkeit ähnlich zu werden. Und es gebe in der Unsterblichkeitshoffnung starke Beweggründe, ethisch gut zu handeln.

Weil diese »natürliche« Religion als »vernünftig« verstanden wurde, betrachtete man die Offenbarung Gottes in der Bibel als nicht mehr vorrangig. Die Bibel galt den Anhängern der natürlichen Theologie als ein historisches Dokument. Hebels Exzerpte aus bibelkritischen, kanonkritischen und dogmenkritischen Schriften gehören in diesen Kontext. Ein Großteil von ihnen beschäftigte sich mit der Geschichte des Christentums (z. B. Kirchenstrafen: 515, Rituale: 504, Apostelgeschichte: 611–632), seiner Entwicklung (am Beispiel der Kirchengüter: 1158–1161; und 1178–1179), seinen Spaltungen und Verzweigungen (vor allem: Sigmund Jakob Baumgarten: Geschichte der Religionsparteien, Halle 1755) (266–269 und 280–294b und 506–508). Unübersehbar ist Hebels starkes Interesse an dogmatismusfernen bzw. orthodoxiekritischen Positionen, wie sie von Johann August Starck (303), Valentin Weigel (351), Johann Konrad Dippel (352), Karl Friedrich Bahrdt (384a), David Joris (520) und Johann Salomo Semler (644) vertreten wurden.

Wie Jerusalem, Lessing und Mendelssohn hatte auch Hebel die Hoffnung, dass es mit Hilfe der Vernunft gelingen könne, die Meinungsverschiedenheiten der Religionen und Konfessionen zu überwinden. Jedem Menschen solle es möglich sein, seiner Religionsüberzeugung nachzugehen. Nach einem Ausdruck von Moses Mendelsohn: nach seiner Façon selig zu werden, oder im Sinne der Ringparabel von Gotthold Ephraim Lessing: mit den Angehörigen anderer Konfessionen zu wetteifern. Notwendig dafür war, davon war Hebel überzeugt, die Denk-, Glaubens- und Gewissensfreiheit der Menschen. Und, im Gegensatz zu Kant, eine »zwiespältige«, situative Ethik einschließlich eines inneren

Ungehorsams bei normaler Befolgung des Gesetzes. Den Leser seiner Schriften betrachtete Hebel später konsequent in diesem Sinne als ein selbstständiges Individuum, das für seine moralischen Entscheidungen selbst verantwortlich und zum Selberdenken in der Lage ist.

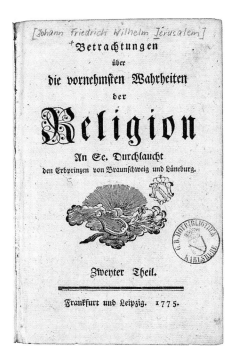

Jerusalem, Johann Friedrich Wilhelm: Betrachtungen über die vornehmsten Wahrheiten der Religion, 2. Theil, Frankfurt, Leipzig 1775.

Hebel exzerpierte:

1161

[...]

Ist dis alles von ohngefär, komt es alles aus einer blinden todten Nothwendigkeit so weiß ich [nicht]˚ was ich sehe. Eine Maschine aus Millionen Rädern zusamengesezt, die alle eine gemeinschaftl[ich]e abgemessene Bewegung und im ganzen weder Urheber noch Entzwek haben, lauter abgemessene Mittel ohne Absicht, lauter bestimte Absichten ohne Vernunft; eine ewige Bewegung ohne Urheber; lauter Leben aus einem ewigen Tod; die vollkomenste Harmonie unter lauter streitenden Dingen (1ste Betr[achtung])

[...]

Literatur und Sprache

Johann Peter Hebel verblieb im Horizont der Aufklärung, interessierte sich aber auch für literarische Strömungen, die gegen deren Vernunftlastigkeit opponierten.

Besonders stark beeinflussen ließ er sich vom Gedankengut Johann Gottfried Herders. Ersichtlich wird dies an Auszügen, die er aus Schriften der Gegner Johann Christoph Gottscheds, Johann Jacob Bodmer und Friedrich David Gräter sowie aus den »Oberrheinischen Mannigfaltigkeiten« des Basler Verlegers Johann Jakob Thurneysen anfertigte. Diese hatten sich der Erforschung der älteren deutschen Sprache und Literatur mit dem Ziel einer Erneuerung »des deutschen Sprachgeistes« gewidmet.

Aus Hebels Exzerptheften wird deutlich, dass er sich intensiv mit diesem Dichtungskonzept beschäftigte. So exzerpierte er die Gesänge des vermeintlichen gälischen Barden Ossian, Volkslieder, Mundartdichtung, Mittelalterliteratur und Minnesänger.

Darüber hinaus interessierten Hebel Positionen zwischen Aufklärung und Romantik. Auch hier ging es ihm in erster Linie um eine Relativierung des Verstandes durch das Gefühl: anregen ließ er sich vor allem vom Habitus der Empfindsamkeit, der in den Gedichten sowohl von Mitgliedern des Göttinger Hainbundes wie Friedrich Leopold Graf zu Stolberg, Ludwig Christoph Heinrich Hölty, Johann Heinrich Voß, des jungen Johann Wolfgang von Goethe als auch der Anakreontiker Friedrich von Hagedorn, Johann Nikolaus Götz und Karl Wilhelm Ramler zum Ausdruck kam.

Mit seinen Alemannischen Gedichten nahm Hebel später Bezug auf diese Loblieder des natürlichen Landlebens und der guten Natur des Menschen in der Tradition der antiken Schäferdichtung wie sie von Theokrit, Vergil und Horaz vorgegeben war.

Wesentlich war ihm das Thema des Aufstiegs eines Menschen aus einfachen Verhältnissen in hohe gesellschaftliche Positionen, wie seine Exzerpte aus den Werken von Johann Heinrich Jung-Stilling, Johann Karl Wezel, Torquato Tasso und Ulrich Bräker verraten. Auftauchen wird dieses Motiv später in zahlreichen Kalendertexten, darunter »Jakob Humbel«, »Herr Christian Kuhmann«, »Franziska«, »Lange Kriegsfuhr«; aber auch in »Biblischen Geschichten« wie »David, der Hirtenknabe«.

Aus den Gedichten des Homer-Übersetzers Voß notierte sich Hebel Passagen der Idylle »Das Ständchen«, bei dem einem Leser des Theokrit, so der Rezensent, »die Klagen des Polyphemus einfallen«. Die Sprache Theokrits nannte Voß »plattdorisch«. Dorisch, jonisch, plattdeutsch und alemannisch hielt er (und vermutlich auch Hebel, der Voß höher einschätzte als Goethe) für »wesenverwandt«.

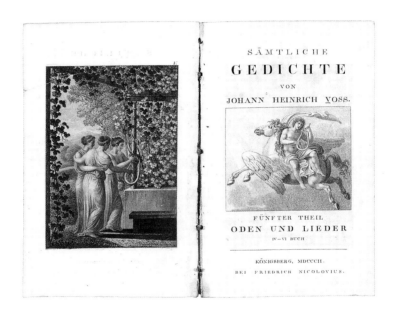

Voß, Johann Heinrich: Sämtliche Gedichte, 5. Theil. Oden und Lieder, Königsberg 1802.

1187

[...]

Sie müssen den edelsten u[nd] aufgeklärtesten der Nation gefallen, und sind dennoch in einer Sprache Gedichte, die selbst ieden der niedern Klasse des Volks verständl[ich] ist od[er] doch leicht kan verständlich gemacht werden. Also wahre Volkslieder.

[...]

Popularästhetik

Hebel setzte mit seinen »Alemannischen Gedichten«, seinem »Rheinländischen Hausfreund« und seinen »Biblischen Gedichten« das um, was seiner avancierten Volksaufklärung und Popularästhetik entsprechen sollte.

Die Grundsätze eines »neologischen« Aufklärungsprogramms hatte er während seines Studiums in Erlangen kennengelernt: Dem einfachen Volk sowohl den christlichen Glauben als auch aufklärerisches Gedankengut vermitteln, den Geschmack bildungsferner Schichten nicht abwerten und das dem Geschmack der Adressaten angepasste Erzählen »mit schöner Sinnlichkeit« verbinden.

In seinen Exzerptheften stößt man an zahlreichen Stellen auf Beispiele für dieses Ziel, auch gegen das Desinteresse des Publikums neuen Gedanken Wege zu bahnen. Als dafür brauchbar und zweckmäßig erschienen ihm beispielsweise das »Vade Mecum für lustige Leute«, das »Magazin für Frauenzimmer«, das Schauspiel »Der Judenfeind« und Bibelbearbeitungen wie diejenige seines Erlanger Lehrers Georg Friedrich Seiler. Am ausführlichsten exzerpierte er jedoch unter diesem Gesichtspunkt Gottfried Herders »Briefe das Studium der Theologie betreffend«, sowie die Abhandlung von Gottfried Leß »Christliche Religions-Theorie fürs gemeine Leben«.

Hebels Exzerpte dieser beiden Werke spiegeln deutlich, welche Vorstellungen von Popularästhetik er hatte. Als Dolmetscher dessen, »was den Geist über sich selbst und über die Erde erheben soll« (»Der Ackerbau, eine vorzügliche Schule der Religiosität«), sollte ein Autor durch eine angemessene Auswahl, lebenspraktische Weisheiten und Verständlichkeit zu einer mündigen und christlichen Humanität erziehen.

Mencke, Johann Burkhard: Compendiöses Gelehrten-Lexicon, Leipzig: Gleditsch 1726.

Hebel exzerpierte aus dem »Gelehrten-Lexicon« mehrere Artikel, die einen kleinen Ausschnitt des historischen Kontexts zeigen, mit dem er arbeitete. Bezeichnend für sein Verständnis von Literatur und Sprache ist die Erwähnung von Martin Opitz (1597–1639), dessen »Buch von der deutschen Poeterey« richtungsweisend für die deutschsprachige Literatur war.

245

[...]

M[artin] Opiz

Vatter d[er] Deutschen Poesie geb[oren] zu Boblau in Schlesien. Stud[iert] zu Breslau

Frankf[urt] Heidelberg, Strasburg Tübing[en]. Profess[or] am Gymnas[ium] zu

Weisendorf in [Sieben]bürgen*. Sekretarius bei einem Burggrafen zu Dohna + 1634 zu Danzig.

Von Johann Peter Hebel exzerpierte Bücher und Zeitschriften aus den Beständen der Badischen Landesbibliothek (in Auszügen)

[Aus: Mencke, Johann Burkhard: Compendiöses Gelehrten-Lexicon. Leipzig: Gleditsch 1726.]

246

Fridr[ich] v[on] Logau
Regierungsrat bei Herzog Ludw[ig] zu Ligniz hat 3000 deutsche
Sangdichter unter dem Namen Salomon v[on] Golau heraus[-]
gegeben. + 1656. (Sein Son Balthas[ar] Frid[rich] v[on] Logau, der auch
ein Dichter war und 1703 starb mus mit ihm [nicht]* verwechselt
[...]

war ehemals eins von den beliebtesten Büchern, welches einen allgemeinen Beifall erhielt; und ob es gleich sehr oft gedruckt worden, so ist es doch sehr selten zu finden.

A
Ausgaben von Brandts Narrenschiff nach dem deutschen Grundtext.

Eine Ausgabe zu Basel. 4. ohne Jahrzahl, welches vieleicht die erste ist. [k] Gemeiniglich hat man die Ausgabe von 1494. für die erste gehalten, welches aber ungegründet ist, weil man schon eine lateinische Uebersetzung vom Jahre 1488. hat, welche unten vorkommen wird.

Einer Ausgabe von 1491. erwähnt Gottsched in dem Neuesten; er sagt aber weiter nichts davon, als dieses: So viel ist gewiß, daß in der ersten Ausgabe von 1491. schon sehr viel wider die Mißbräuche der Römischen Geistlichkeit steht, obgleich der Verfasser im Schluße den Pabst über alle Keiser und Könige erhebt, und demjenigen schlechtweg die ewige Seligkeit abspricht, der ihm widersteht.

Mag endlich niemans selig werden,
Wer wiederstat dem Pabst uff erden. [l]

In

k) Lucius in Catal. Bibl. Moeno-Francof. 1728. 4. Philos. p. 79.
l) Gottsched Neustes. 1755. S. 102.

x) In seinem Wörterbuch der schönen Wissenschaften sagt er nachher, daß die Ausgabe von 1494. die erste und vollständigste wäre, welches ein Widerspruch ist; [m] wenn die Zahl 1491. in dem Neusten nicht ein Druckfehler ist.

1494.

In diesem Jahre kommen schon vier Ausgaben vor.

1) Schöttel führt eine ohne Druckort mit diesen Worten an: Sebastian Brand V. J. D. hat Anno 1494 trucken lassen ein Buch, so er nennt

Das Narren Schiff von Narragonia, mit besonderen Fleiß, Ernst und Arbeit, von nüwen mit viel schöner sprüch, Exempelen und zugesetzten Historien und Materien erlängert. [n]

Dieser Titel zeigt offenbar, daß dieses nicht die erste Auflage ist.

Herr Meister führt auch eine Ausgabe von 1494. ohne Druckort an. [o] Wenn Brand alle Geschlechter der Narren der Reihe nach die Musterung paßiren läßt, und jedem in dem allgemeinen Tollhause der Welt seine Clause anweist, so darf man nicht glauben, daß er sich aus

G 4

m) Gottscheds Wörterbuch der schönen Wissenschaften. S. 1151.
n) Schöttels Ausführliche Arbeit der deutschen Hauptsprache. S. 1170.
o) Meisters Beiträge zur Geschichte der deutschen Sprache. Thl. I. S. 249.

durch menschliche Anschläge noch durch göttliche Hülfe konnte gehoben werden, und die Menschen von der Furcht für den Göttern ganz niedergeschlagen waren, so soll man unter andern Mitteln den Zorn des Himmels zu besänftigen, auch Schauspiele (ludi scenici) eingeführt haben, welche diesem kriegerischen Volke etwas ganz neues waren; denn bisher hatten sie blos die Schauspiele auf dem Circus gesehn. Uebrigens hatte diese ausländische Sache, wie gemeiniglich alle neu entstehenden Dinge, einen gar geringen Anfang. Man ließ also Schauspieler (ludiones) aus Etrurien kommen, diese recitirten keine Verse, (sine carmine ullo) hielten auch das nicht durch Gebehrden aus, was ein anderer hersagte, (sine imitandorum carminum actu) sondern sie agirten als Pantomimen zu ziemlich gut, nach dem Tacte einer Flöte, (ad tibicinis modos saltantes haud indecoros motus, more Tusco dabant) wie es die Gewohnheit ihres Landes mit sich brachte. Die jungen Römer fiengen bald an ihnen nachzuahmen, und machten zugleich rohe Verse aus dem Stegereif, womit sie einander aufzogen, und dem Tact ihrer Verse suchten sie auch ihre Bewegungen anzupassen. Da die Sache Beifall fand, und diese römischen Schauspieler durch öftere Uebung sich immer vollkommner machten, legte man ihnen den Namen der Histrionen bei, weil Hister in der tuscischen Sprache ein Schauspieler oder Pantomime heißt. Sie fiengen nun an Mischspiele zu verfertigen, die in Musik gesetzt waren, (impletas modis satiras) in denen die Declamation (cantus) und die

die Bewegungen dem Tacte einer Flöte anpaßten, die sie begleitete. Diese Mischspiele waren von den rohen unmetrischen fescenninischen Versen unterschieden, womit sie vorher auf eine grobe Weise einander durchgezogen hatten. Nach einigen Jahren soll es Livius zuerst gewagt haben, ein regelmäßiges Drama statt der Mischspiele vorzustellen, so daß er selbst agirte, wie alle dramatischen Dichter in diesen Zeiten thaten. Da ihn aber die Zuschauer oft aufforderten, gewiße Stellen, die ihnen gefielen, noch einmal zu agiren, und seine Stimme dadurch heischer wurde, bat er sie um Erlaubniß, einen Sclaven einzuführen, den er vor den Flötenspieler stellte, und welcher die Worte nach dem Tact der Flöte declamiren mußte; er selbst aber stellte den Inhalt des Monologen durch bloße Gebehrden (canticum egisso) nun viel lebhafter vor, weil er nun nicht mehr declamiren durfte. [h] Von der Zeit fieng man an die Declamation zwischen zwei Schauspieler zu vertheilen, und gleichsam nach dem Tacte der Gebehrden zu recitiren, (ad manum cantare) so daß nur blos die Dialogen (diverbia) noch von den Schauspielern recitirt wurden. Nachdem man also durch diese Einrichtung der Schauspiele

h) Diomedes de art. Grammat. Lib. 3. Membra Comoediarum tria sunt: Diverbium, Canticum et Chorus. Diverbia sunt partes Comoediarum, in quibus diversorum personae versantur. In Canticis autem vna tantum debet esse persona. aut si duae fuerint, ita debent esse, vt ex occulto vna audiat et eloquatur, sed secum, si opus fuerit, verba faciat.

Zweites Hauptstück.
Von der Komödie.

I.

Vom Ursprunge des Schauspiels und der Komödie überhaupt.

Es scheint das Schauspiel in den ältesten Zeiten eine gottesdienstliche Handlung gewesen zu seyn, wodurch man das Andenken gewißer Begebenheiten, die einem Volke intereßant waren, auf eine feierliche Weise erhalten wollte. Fast alle Völker, deren Priester keine Lehrer, und deren Götter entweder zu den Göttern hinaufgestiegne Menschen, oder zu den Göttern herabgestiegne Dämonen waren, hatten Mysterien, oder einen geheimen Gottesdienst, in denen die Schicksale und Thaten ihrer Götter dramatisch vorgestellt

Vierter Theil.   A

Flögel, Carl Friedrich: Geschichte der komischen Litteratur. 4 Bde., Liegnitz, Leipzig 1784–1787.

1267

[...]

Geschichte d[er] komischen Litteratur v[on] Flögel.
Satyriker des 14ten Jarh[underts] Hugo von Trymburg und sein Gedicht der Renner. Er war [nicht] Schulmeister, Schulhalter war bei den Min[n]esängern ein Kunstausdruk. Aus d[em] 15ten Reineke Fuchs, unbekandten Verfassers, warsch[einlich] aus d[em] Französischen. Sebast[ian] Brand u[nd] sein noch im[m]er merkwürdiges Narrenschiff [60v] Eine lat[einische] Ausgab erschien 1488. Der älteste Abdruk d[es] teutschen*
Originals 1494. Augsb[urg] 1495. Augsb[urg] 1497 lat[einisch]
[...].

Von 1772 bis 1775 hatte Georg Forster an der Weltumseglung James Cooks teilgenommen und unter der Anleitung seines Vaters Studien zur Tier- und Pflanzenwelt angefertigt. Dessen »Bemerkungen«, die später auch den Weg in Hebels Bibliothek fanden, lieferten Forschungsberichte und Reisebeschreibungen, die während dieser Weltumseglung entstanden. Hebel machte sich Notizen zu Albatrossen, Pelikanen, Pinguinen, Falterfischen und durch den Verzehr von Goldbrassen hervorgerufenen Fischvergiftungen.

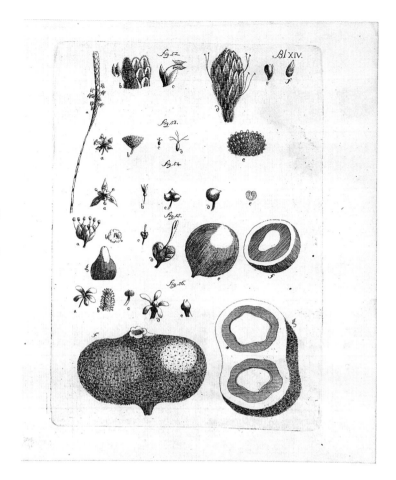

Forster, Johann Reinhold: Bemerkungen über Gegenstände der physischen Erdbeschreibung, Naturgeschichte und sittlichen Philosophie auf seiner Reise um die Welt gesammlet, Berlin 1783.

Hebel bezieht sich auf eine Rezension in der »Allgemeinen Literatur-Zeitung«. 1787, Bd. 1, Nr. 2.

1267

Florulae insularum australiam prodromus Georg Förster.
Die Anzahl der bestimten Arten beläuft sich auf 488.
Wovon ohngefär 254 neu u[nd] selbst im Pflanzensystem nicht befindlich sind.

Mosheim, Johann Lorenz von; weil. [Weiland] Kanzler der Universität Göttingen: Sämtliche Heilige Reden über wichtige Wahrheiten der Lehre Jesu Christi, Bd.1, bei Johann Carl Bohn, Hamburg 1765.

230

[...]

Der Christ ist ein Mensch der nach der Ähnlichkeit mit Gott strebt
der dem Herrn versprochen mit aller Treue und Redlichkeit
sich dahin zu bemühen, daß er nach allen Kräften der Seele ver-
ändert und also ein ganz neuer Mensch werde.
Sein Zwek ist also. Vollkomenheit, Bild Gottes, Erneuerung der
Seele. Matth[äus] 5, 48. 2 Kor[inther] 5, 17. 1 Petr[us] 1, 15. 16.
Dieser Zwek ist gros, unsre Natur schwach. Wir müsen also
imer stufenweis zuzunemen suchen, aber auch nicht müde
werden, nicht aufhören, nie glauben, daß wir disen Zwek er-
reicht haben.

[...]

Redensarten, auf geschickte Muthmaßungen an, die zwar die Ohren der Menschen fülleten, und den Verstand schärfeten, aber das Herz nicht änderten. Einer könnte in diesen Dingen es andern zuwerthun; und einer könnte, weil die Menschen sehr uneins in ihren Urtheilen wären, diesen, ein anderer andern besser gefallen. Wo die Einbildung der Menschen Richter ist, und wo Muthmaßungen als Wissenschaft angesehen werden, da sind Zwistigkeiten und vielerlei Meynungen unvermeidlich. Aber * das Wort vom Kreuze, die Predigt vom gekreuzigten Jesu, sey eine Kraft Gottes. Die dringe ins Herz; die hielte sich mit Einfällen nicht auf, wobey das Verderben seine Kraft behalten kann, sondern die wollte die Menschen ändern, heiligen, bessern und selig machen. In Ansehung dieser sey ** alle Weisheit der Erden nichts dem Thorheit, und Unverstand. Bey einer solchen Lehre sey es daher gar was wunderliches, auf Uneinigkeiten, Streitfragen und Zänkereyen zu fallen. Die sich zu derselben bekenneten, müßten auf die inwendige Heiligung ihrer Seelen denken. Hier frage man nicht, wer scharfsinniger, beredter, gelehrter; sondern, wer heiliger, vollkommener und Gott gefälliger. Die Lehre Jesu suchte, mit einem Worte, die Quelle aller Uneinigkeiten durch die Heiligung des Herzens zu stopfen, nicht aber neue Fragen zu erwecken und zu erhalten. Kann was vortrefflicher, als dieser Beweis seyn? Die Kinder einer irdischen Weisheit können mehr denn ein Haupt haben: *** Die Kinder der Erlösung können nicht mehr denn ein Haupt und einen Herzog des Lebens haben. Die Weisheit der Erden hebt die Uneinigkeiten nicht auf: denn sie bleibt beym Verstande und der Einbildung stehen. Die Lehre Jesu leidet keine Secten und Spaltungen: denn sie machet das Herz und den Willen anders.

Dieser Beweis schien in einem Stücke denen Völkern, welche Paulus unterrichten wolte, anstößig zu seyn. Er hatte

* 1 Cor. 1, 18.   ** v. 19. 20.   *** Apostelg. 3, 15.

hatte die Lehre Jesu von der Weisheit unterschieden, und dieselbe eine Thorheit genannt. Das Wort Weisheit hatte eine so große Bedeutung unter den Griechen, und das Wort Thorheit eine so niedrige und schlechte, daß es zu besorgen war, ein Theil der Unverständigen möchte nicht gar zu vortheilhaft von einer Lehre urtheilen, von der Paulus gesaget, daß sie nichts mit der Weisheit zu schaffen hätte. Die Menschen sind es gewohnt, an gewissen Wörtern zu kleben, und den Werth der Sachen an die Namen zu binden. Paulus richtet sich nach dieser Schwachheit. Er erinnert demnach zweyerley: Das eine: * Er hätte die Lehre Jesu nur darum eine Thorheit genennet, weil die ungläubigen Juden und Griechen dieselbe so hießen: Denn die Juden forderten nur immer Zeichen oder ein Zeichen, wie das Griechische lautet, und die Griechen fragten nach Weisheit. Das andere: Es wäre die Lehre Jesu, ob sie gleich keine Gemeinschaft mit der gemeinen Weisheit der Griechen hätte, dennoch eine Weisheit, die weit höher und vortrefflicher, denn alles, was man sonst mit diesem Namen bekehrte. ** Sie könnte sich zwar nicht rühmen, daß sie bey allen in den Ansehen stünde. Eine Menge von Juden und Griechen verwürfe dieselbe, weil sie nicht nach ihrer Meynung eingerichtet. Aber ein großer Theil fände dennoch Kraft, Leben und Weisheit in derselben. Dieses letzte ist eben dasjenige, was er in den Worten saget, die wir itzt zu unserer Erbauung ausgesetzet. Er stellet in denselben vor

Die unterschiedene Wirkung der Predigt der Apostel von der Erlösung Christi.

Er

* 1 Cor. 1, 21. 22.   ** v. 23. 24.

Mosh. I. B.   J

Mosheim, dessen Moraltheologie Hebel vermutlich bereits während seines Studiums in Erlangen kennengelernt hat, gilt als Begründer der wissenschaftlichen Kirchengeschichte. Er verstand die Kirche als eine vereinsähnliche Gesellschaft, die weitgehend durch menschliches und mündiges Verhalten bestimmt wird. Mosheims Argument, dass »der Christ ein Mensch« ist, »der nach der Ähnlichkeit mit Gott strebt«, spielt in Hebels Werk eine zentrale Rolle. Für Hebels humanistische Grundhaltung war die Nachfolge Christi das theologische Fundament für seine Akzentuierung der »sittlichen Seite der Religion«.

Das
befreyte Jerusalem
von
Torquato Tasso.

Dritter Band.

Übersetzer ist: Johann Jakob Wilhelm Heinse

TANCRED

Herausgeber: Anton Klein

Mit allerhöchstem kaiserlichen und höchstem
kuhrfürstlich pfälzischen=Privilegium.

Mannheim 1781.
Im Verlage der Herausgeber der ausländischen
schönen Geister.

cher Geleite. Dieser aber ließ ihm melden, daß dergleichen Unterhandlungen zwischen ihnen sich nicht schickten. Der Fürst sah nun wohl ein, daß für ihn keine Sicherheit mehr sey. Er entsagte allen Lehngütern, die er vom Kaiser besaß, um sich des Eids der Treue gegen ihn zu entledigen; und gieng nach Frankreich.

Bernhardt wollte seinen Herrn auch in seinem Unglücke nicht verlassen, und ihm nach Frankreich folgen, vorher aber seinen Sohn aus einem Lande nehmen, für dessen Feind er nun bald würde erklärt werden. Er ließ ihn nach Rom kommen, und übergab ihn daselbst seinem Landsmanne, Freund und Verwandten, dem Caraneo, einem Edelmann von Bergamo; der ein gutherziger gelehrter Mann, und Sekretär des Kardinals Albano war.

Die zärtliche Portia war trostlos, als sie ihren Gemahl, der sie so sehr liebte, und ihren geliebten, bewunderten Sohn sich von ihr entfernen sehen mußte; es ahndete ihr, daß sie sie nie wieder sehen würde. In den letzten Jahren seiner Trübsal beschrieb Torquato seinen Weh:

wehmüthigen Abschied von ihr noch so rührend, daß man sich der Thränen dabey nicht enthalten kann;

. . . . Als Kind
Wurd' ich vom Schooße meiner Mutter weggerissen
Ach! unter Küssen,
Die unvergeßlich sind,
Um die des Schmerzes heiße Thränen rannen —
Ach! unter Flammenbitten, die von dannen
Die Winde trugen, daß ich wieder mein Gesicht
An ihren Busen schmiegen sollte nicht,
Und nicht empfinden mehr das Glück, das ich empfunden,
Vom Arm der Zärtlichkeit umwunden.

Gleich darauf wurde der Fürst, Bernhardt und ausdrücklich sein Sohn, und alle, die ihnen gefolgt waren aus dem Königreiche Neapel verbannt und für Rebellen erklärt.

Vier Jahre darauf kam Bernhadt, nachdem sein unglücklicher Fürst gänzlich gestürzt war, wieder nach Italien zurück, und begab an den Hof des Herzogs von Mantua, Wilhelm Gon-

---

63.

V'è l'aura molle, e'l ciel sereno, e lieti
Gli alberi, e i prati, e pure, e dolci l'onde:
Ove frà gli amenissimi mirteti
Sorge una fonte, e un fiumicel diffonde.
Piovono in grembo all'erbe i sonni queti
Con un soave mormorio di fronde:
Cantan gli augelli; i marmi io taccio, e l'oro
Meravigliosi d'arte, e di lavoro.

64.

Apprestar sul'erbetta, ov'è più densa
L'ombra, e vicino al suon dell'acque chiare,
Fece di sculti vasi altera mensa,
E ricca di vivande elette, e care.
Era qui ciò, ch'ogni stagion dispensa;
Ciò che dona la terra, o manda il mare;
Ciò che l'arte condisce; e cento belle
Servivano al convito accorte ancelle.

65.

Ella d'un parlar dolce, e d'un bel riso
Temprava altrui cibo mortale, e rio.
Or, mentre ancor ciascuno a mensa assiso
Beve con lungo incendio un lungo oblio,
Sorse, e disse: or qui riedo; e con un viso
Ritornò poi non sì tranquillo, e pio.
Con una man picciola verga scuote:
Tien l'altra un libro, e legge in basse note,

63.

Hier ist die Luft gelind, und der Himmel heiter, und froh die Bäume und die Wiesen, und rein und süß die Fluth, wo zwischen den anmuthigsten Myrthen ein Quell entspringt, und ein Flüßchen verbreitet. Sanfter Schlummer senkt sich in den Schooß der Blumen herab mit einem angenehmen Geflüster der Zweige. Die Vögel singen. Von Marmor und Gold schweig ich, die an Kunst und Arbeit wunderbar sind.

64.

Sie läßt ins Grüne, da, wo der Schatten am dichtesten ist, nahe bey dem Murmeln des klaren Wassers, eine prächtige Tafel zubereiten, und mit ausgegrabnen Gefäßen, und auserlesenen und theuren Speisen besetzen. Hier war das, was jede Jahrdzeit giebt, das, was die Erde schenkt, oder das Meer uns zollt, das, was die Kunst hervor bringt; und hundert schöne muntre Dirnen warteten auf.

65.

Mit süßer Rede und schönem Lächeln bereitete sie hingegen eine heillose tödtliche Kost. Während nun jeder noch am Tische sitzend mit langen Flammenzügen eine lange Vergessenheit trinkt: stand sie auf, und sagte: ich komme gleich wieder; und kehrte hernach mit keinem so ruhigen und freundlichen Gesicht zurück. Mit der einen Hand bewegt sie eine kleine Ruthe, und die andre hält ein Buch, und sie liest in leisen Worten,

Das
befreyte Jerusalem
von
Torquato Tasso.

Vierter Band.

GOTTFRIED

Mit allerhöchstem kaiserlichen und höchstem kuhrfürstlich-pfälzischen Privilegium.

Mannheim 1781.
Im Verlage der Herausgeber der ausländischen schönen Geister.

Zahlreiche Exzerpte dokumentieren Hebels Vorliebe für italienische Literatur und Sprache. Einen Hinweis auf den Dichter Torquato Tasso, der am bekanntesten durch sein Werk »La Gerusalemme Liberata« (Das befreite Jerusalem) wurde, findet man bereits im Hertinger Exzerptheft (H 84, 257). In Lörrach beschäftigte sich Hebel ausführlich mit seiner Lebensgeschichte. Das Muster eines Wiedersehens nach einer überraschenden Demaskierung (1125: Tasso besucht seine Schwester) verwendete Hebel im Gedicht »Der Bettler«.

Tasso, Torquato: Das befreyte Jerusalem, 4 Bde. Mit allerhöchstem kaiserlichen und höchstem kuhrfürstlich-pfälzischen Privilegium, Mannheim 1781.

1124

[...]

Torq[uato] Tasso wurde zu Surrento 1544 geboren, als seine Mutter Por-
                Tassos Geburt
tia di Rossi eine edle Napolitanerin eben ihre Schwester Hippolita
die Gemahlin des Graven Kuriale besuchte. Sein Vatter Bern-
hard Tasso stamte aus einer der ältesten und berühmtesten, aber
gesunkenen Familie, und war in Diensten des Fürsten von Salerno.
[...]

FARRAGO

NOVA EPISTOLARVM
Des. Eraſmi Roterodami
ad alios, & aliorûm ad
hunc, admixtis qui
buſdã, quas
ſcripſit
etiã adoleſcens.

Auxilium meum a Ano

APVD INCLYTAM BASI/
LEAM EX OFFICINA
IO. FROBENII. 1519.
in fol. 1520 Rhenaniuſ
Soli Chriſto in 4to

TOY KAIPOY

ΝΕΜΕΣΙ

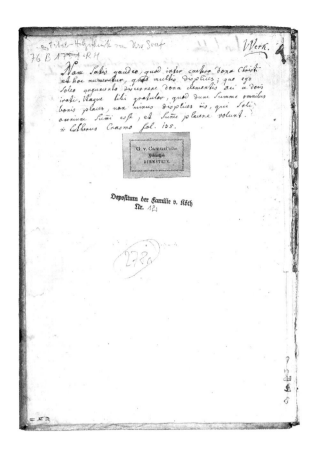

Der Briefwechsel zwischen den drei bedeutenden Humanisten und den Reformatoren, aus dem Hebel Exzerpte anfertigte, fand statt, bevor es zum Zerwürfnis zwischen Luther und Erasmus über die Frage des Vorrangs der Gnade beziehungsweise des freien Willens kam. Von Melanchthon und Erasmus, deren Werke sich in Hebels Bibliothek befanden, übernahm er die Forderung nach Kenntnis der hebräischen und griechischen Quellen als Zugang zur »wahren Theologie« sowie die hohe Wertschätzung von Bildung und Erziehung.

Brief Wechsel des Erasm[us] mit Luther u[nd] Melancht[hon]. Aus: Farrago nova epistolarum Des. Erasmi Roterodami ad alios. Basel: Froben 1519.

588.
Luther an Eras[mus] Im Merz 1519 von Wittenberg.
Sagt ihm daß er in oft lese und grosse Hochachtung für ihn habe. Freut s[ich] auch daß Eras[mus] nicht iederman gefalle. Gratulor tibi, quod

dum

sum[m]e omnibus bonis placas, non nria displices iis, qui sum[m]i esse et sum[m]e placere volunt. _ Intellexi per nugas illas indulgentiaru[m] meum nomen tibi cognitum, et ex prefatione Enetiridii tua, non modo asa sed et accepta tibi fabulamenta mia cogor agnoscere. Versichert darauf wie sehr er gewünscht habe u[nd] noch wünsche

unbekandt

zu bleiben.

Im Anschluss an Christian Wolff bestimmte Moses Mendelssohn die Position einer »natürlichen« Theologie. Eine der wesentlichen Grundannahmen dieses Werks, die gegen Kants Auffassung von Gott als einem reinen Vernunftbegriff gerichtet war, ist der Gedanke, dass Vernunftwahrheiten niemals die Ebene der Erfahrung verlassen dürfen. Das entsprechende Stichwort notierte Hebel am Ende seines langen Exzerpts: »Wahrheit ist jede Erkenntnis, die eine Wirkung unsrer positiven Seelen Kräfte ist«.

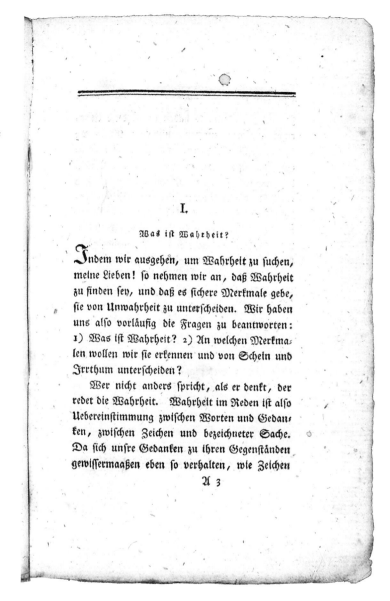

I.

Was ist Wahrheit?

Indem wir ausgehen, um Wahrheit zu suchen, meine Lieben! so nehmen wir an, daß Wahrheit zu finden sey, und daß es sichere Merkmale gebe, sie von Unwahrheit zu unterscheiden. Wir haben uns also vorläufig die Fragen zu beantworten: 1) Was ist Wahrheit? 2) An welchen Merkmalen wollen wir sie erkennen und von Schein und Irrthum unterscheiden?

Wer nicht anders spricht, als er denkt, der redet die Wahrheit. Wahrheit im Reden ist also Uebereinstimmung zwischen Worten und Gedanken, zwischen Zeichen und bezeichneter Sache. Da sich unsre Gedanken zu ihren Gegenständen gewissermaaßen eben so verhalten, wie Zeichen

A 3

Mendelssohn, Moses: Morgenstunden oder Vorlesungen über das Daseyn Gottes, 1. Teil, Berlin 1785.

[Exzerpt aus: Mendelssohn, Moses: Morgenstunden oder Vorlesungen über das Daseyn Gottes, 1. Teil, Berlin 1785.]

1242

[...]

Die Masse unsrer 3fachen Erkentniß gränzt von allen Seiten an
Unge-
wissheit und Zweifel, und ist innerl[ich] mit Irthum, Vorurtheil u[nd]
Ungewissheit
durchflochten. Daran erkennen wir daß unser Seelen vermögen mit
Schwachheit verbunden sei, und daher Erkentnisse zu Folge u[nd]
Wirkungen
haben müsse, die sich zum Theil auf Vermögen, z[um] Th[eil] auf
Unvermögen s[ich] grün-
den z[um] E[xempel] die Täuschung des Gesichts u[nd] Gehörs rühren
von der Eingeschränkt-
heit unsrer Sinnes Kraft her, die sich nach Lage und Beschafenheit des
Organs richten muß.
Wahrheit ist iede Erkentniß, die eine Wirkung unsrer positiven
Seelen Kräfte ist. In so weit sie aber eine Folge des Unver-
mögens ist und durch die Schranken der positiven Kräfte eine
Abänderung erlitten hat, ist sie Unwarheit.
[...]

Jung-Stilling, Johann Heinrich: Henrich Stillings häusliches Leben, Bd. 3/4. Berlin, Leipzig: Rottmann 1789. Erstausgabe. [Hebel zitierte aus einer früheren Ausgabe, vgl. S. 36.]

Vermutlich noch in Hertingen (1783) und vielleicht, weil er auch wie der Protagonist des exzerpierten Buchs »im Schulhalten unglücklich war«, interessierte sich Hebel für diese Lebensbeschreibung. Das Paradigma des Aufstiegs aus einfachen Verhältnissen in hohe gesellschaftliche Positionen spielte sowohl in den Exzerptheften (Wezel, Bräker, Tasso) als auch in seinem Werk eine sehr wichtige Rolle (Jakob Humbel, Franziska, Herr Christian Kuhmann usw.)

583

[..]

Heinr[ich] Stillings Leben, Jünglingsiare u[nd] Wanderschaft in 3

Th[ei]lch[en]

Heinr[ich] Ebert Stillings eines ehrlichen fromen Kolenbrenners in Tiefenbach in Westfalen,[1] Grossohn und Wilhelm Stillings der ein gelernter Schneider aber zugl[eich] Schulmeister war eines rechtschafenen Man[n]s und[2] Dortchens Morizen einer edlen empfindsamen Sohn, ein auserordentl[ich] kluges, wissbegiriges, gutherziges, edles aber lange sich selbst unerklärbares Geschöpf, wird[3] auf Betrib des Pfarers im Sprengel zu einem Schulamt so wie vom Vatter zum Schneider handwerk unterrichtet.

[…]

Graf von Strafford.

Oberrheinische
Mannigfaltigkeiten.

Eine

gemeinnützige Wochenschrift.

Drittes Vierteljahr.

Basel,
bei Joh. Jacob Thurneysen, Jünger, 1781.

---

sie wöchentlich Postfrei zu liefern. Kann das auch an andern Orten geschehen, so wollen wir's mit dem grösten Vergnügen bekannt machen.

Beiträge und alles was zur Ausführung oder mehrerer Vervollkommnung des Plans dieser Wochenschrift behülflich seyn kann, wird man mit Dank annehmen; wir erwarten sie franko (wenn das seyn kann,) und unter der Adresse des Verlegers nach Basel.

Man pränumerirt auf ein Vierteljahr mit dem geringen Preis von 30 französischen Sols oder mit vierzig Kreuzer; in Strasburg, bei Herrn Stein, Buchhändler und in Basel, beim Verleger.

Am Ende des Jahrgangs wird der Haupttitel und über das Ganze ein Register geliefert, dabei sollen die resp. Namen unserer Pränumeranten mit abgedruckt werden, (wenn sie es uns nicht ausdrücklich verbieten,) um deren gefällige vollständige Anzeige wir bitten.

Auswärtige können sich direct an den Verleger, oder an die Freunde wenden, die sich mit der Sammlung der Pränumeration beschäftigen wollen, oder auch an die jeden Orts sich befindenden Postämter und Buchhandlungen rc. und sich mit diesen wegen des Porto's vergleichen.

Revolutionen
in der Diät
von Europa, und von Deutschland besonders,
seit 300 Jahren.
(Vom Hr. Professor Leidenfrost zu Duisburg.)

Gleichwie Europa, und vornemlich dessen Nordische Reiche, seit 300 Jahren her sich in der Speise ungemein verändert hat: so ist es auch in der Art des Trinkens von der alten Weise viel abgegangen. Unsere alte Vorfahren pflegten des Morgens und Vormittags gar nicht zu trinken; sondern sie assen ihr Brod entweder trocken, oder mit wenig Salz bestreut, und die es haben konnten, mit Butter, einige auch mit Honig, bestrichen. Bei dieser trocknen Nahrung dursteten sie nicht, indem die Natur den nöthigen Speichel- und Magensaft zur Verdauung genugsam darreichte: denn sie schwitzten auch weniger, und behielten also ihre eigene Feuchtigkeit bei sich, ohne solche durch beständiges Zugiessen fremder Säfte unterhalten zu dürfen. Ein alter Deutscher trank auch des Mittags nicht, ausser vielleicht bei grossen Gastmalen; sondern er behalf sich mit der Suppe vom Fleisch, oder von seinem damaligen schlechten Gemüse, welches vormals mit weitläuftigen und langen Brühen gekocht, und das Gemüse mit Löffeln gegessen wurde, damals gut schmeckte, dem heutigen Geschmack aber sehr entgegen ist. Dazu aß er trockne gebratenes oder geräuchertes Fleisch, mit Brod oder Kuchen, ohne Bier

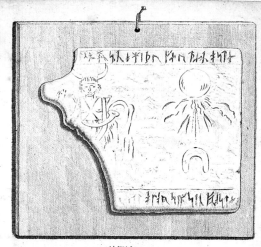

Abbildung

eines Stück Steins, so im Schaumburgischen, an dem Gebürge, der Hohnstein genannt, ohnweit dem Sinngrünen-Altare oder der Druidenklippe, im XVI.ten Jahrhundert gefunden worden.

Braga und Hermode

oder

Neues Magazin
für die
vaterländischen Alterthümer
der Sprache, Kunst und Sitten.

Herausgegeben
von
F. D. Gräter.

Dritter Band.
Erste Abtheilung.

Mit Kupfern und einem Notenblatte.

Leipzig,
bey Heinrich Gräff.
1798.

5.
Das Kränzefest.

Das Kränzefest fällt etwas früher. Es werden von den Töchtern und Mägden des Hauses sehr liebliche Blumenkränze gebunden, (aber von keiner andern Blume, als von dem weißen und rothen Mausöhrlein, auricula muris und Pilolella, die ein kleines, prächtiges, sammtartiges Röschen vorstellt, und an Farbe und Gestalt Jahre lang dauert,) und in den Ställen über dem Vieh aufgehängt. Viele Landleute hängen diese Kränze, meistens doppelt, wie zwey in einander verschobene Reise, auch in die Wohnstube, und zwar über den Familientisch. Dieß geschieht allezeit am Himmelfahrtstage. In den Ställen und Wohngemächern bleibt der Kranz, bis nach Jahr und Tagen die nehmliche Sorgfalt ihn gegen einen neuen vertauscht. Warum? fragte ich. Hier bekam ich die bestimmte Antwort: daß kein Blitz in das Haus, in den Stall oder in die Stube schlägt. Der Kranz ist also der schützenden Hausgottheit, (bey den Römern Lares und Genii locorum genannt,) geheiliget. Der Stifter der christlichen Religion hat es aber wahrlich nicht so verordnet, sondern ohne Zweifel hat sich der heidnische Glaube mit dem christlichen vereinigt, um an diesem Tage auch seine alten Rechte zu behaupten.
Prascher.

IX.

IX.

Ein altteutscher
oder
Alemannischer Gesang
zum
Lobe der heil. Jungfrau Maria,

mit einigen Erläuterungen
von
Joh. Friedrich August Kinderling.

Der unlängst verstorbene gelehrte Rector in Brandenburg, Joh. Peter Willenbücher, hat in seiner praktischen Anweisung zur Kenntniß der Hauptveränderungen und Mundarten der teutschen Sprache von den ältesten Zeiten bis ins 14te Jahrhundert, welche zu Leipzig 1789, in groß Octav, ohne seinen Namen herausgekommen ist, die alten Denkmähler der Gothischen,

De poeta.
Dat ☩ fregin ih mit firahim
firi uuizzo meista. Dat ero ni
uuas. noh ufhimil. noh paum
noh pereg niuuuec. ninohheinig
noh sunne nistein. noh meeno
niluhtee. noh dermeeseo reo.
Do dar niuuiht niuuuec enteo
ni uuenteo. 7 do uuasder eino
almahtico cot. manno miltisto.
7 dar uuarun auh manake mit
man. cot libh̄ geista. 7 cot
heilac. Cot almahtico du
himil 7 erda ☩ uuorahtos.

7 du mannun romanac coot
for ☩ pi. for gip mir indino
ganadec rehta galaupa.
7 cotan uuilleon. uuistom
enti spahida. 7 craft. tiuflun
za uuidar stantanne. 7 arc
za pi uuisanne. 7 dinan uuil
leon za ☩ uurchanne.

Das älteste teutsche Gedicht
aus dem einzigen Originale in dem bayerischen Kloster Weßobrunn
zum ersten Male diplomatisch abgezeichnet
von Pater Anselm Ellinger, Biblioth: dss 1796.

Braga und Hermode oder Neues Magazin für die vaterländischen
Alterthümer der Sprache, Kunst und Sitten, hg. von Friedrich David Gräter, 5 Bde., 1794–1812.

[1350/47r]
[...]

Probe aus der alten alleman[n]ischen

Beichtformel, aus einer St. Gallischen
Handschrift:
Ich wirde Gote almachtigen bigihdig
inti allen Gotes Heilagon, allero
minero suntono, unrehtero githan-
ko, unrehtero worto. Thes i unrehtes
gisahi, unrehtes gihörti, unrehtes
gihaneti (beiaht) odo andran
gispuoni (gerathen) meinero nido,
ubilero fluocho, lioganes (Lügen)
[48]* stelanes, huores, manslati (Töden)

* Am rechten oberen Seitenrand in Bleistift Blattzahl »48« vermerkt; spätere
bibliothekarische Foliierung.

Aus Gräters Zeitschrift,
die an Diskussionen
über den germanischen
Stamm der Alemannen
anknüpfte, fertigte
Hebel Auszüge von
Zeugnissen des Alt- und
Mittelhochdeutschen an
(Bibelübersetzung des
Wulfila, »Codex argen-
teus«). Am Ende seines
ausführlichen Exzerpts
notierte er sich die von
Johann Jakob Bod-
mer (1698–1783) und
Johann Jakob Breitinger
(1701–1776) herausge-
gebene »Sammlung von
Minnesängern aus dem
schwäbischen Zeit-
punkt« (1758/59), die
er auch als Anlass für
seine ersten Versuche
mit Mundartdichtung
(im Brief an Jacobi vom
28.1.1811) erwähnte.

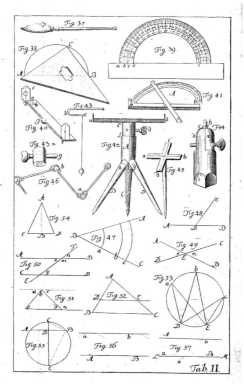

Tab. II.

Diese Ausgabe befand sich in Hebels Bibliothek (Nr. 434). Aus Malers »Geometrie« exzerpierte Hebel sich Auszüge zu bergmännischen Fachbegriffen (z.B. Seigerteufe, Steigende und Fallende Gänge, Morgengänge und Spatgänge usw.) (H 84, 481).

Maler, Jakob Friedrich: Geometrie und Markscheidekunst, durchgesehen und verbessert von Abraham Gotthelf Kästner, Karlsruhe 1767.

481
Malers Geometrie.

Berg termine

An einem rechtwinklichten Triangel $b\angle c$ *nennen Bergleute die Linie b c, <u>die Sohle</u>. <u>Sohlicht</u> ist also sovil als horizontal. a b heist die <u>Seigerteufe</u>. <u>Seigern</u> herabfallen. <u>Seiger</u>* [49v] *ist also horizontal a c. heist die Fläche. __ Gang ist das Streichen der Minern; Macht der Gang mit dem Horizont einen Winkel zwischen 60 u[nd] 80 Grad so ist er <u>stehend</u>. Zwischen 60 u[nd] 20[1] <u>flach</u>*

unter[2] 20 <u>schwebend</u>. <u>Steigende und Fallende Gänge</u>. Das Steigen und Fallen heisst die <u>Dohnlege</u>.

1 Durch Überschreibung korrigiert aus »80«.
2 Durch Streichung und Überschreibung über der Zeile korrigiert aus »zwischen«.

76

Sammelsurium

❦ PÄDAGOGIK ❦

Exzerpt Nr. 326

Aus: Friedrich Gedike, Praktischer Beitrag zur Methodik des öffentlichen Schulunterrichts, Berlin 1781.

Man kann wenig gutes von einem Menschen hoffen, der gewont ist sich schon für das unterlassene Böse belonen zu lassen – Man mus den guten Kopf nicht zu vil loben und den schlechten nicht zu vil tadeln.
Das Hinausweisen aus der Schule hat vilen Nachtheil, der bösgesinnte findet darin Wolthat, der gute bedarf dieser Straffe nicht.

❦ GOLDMACHEREI ❦

Exzerpt Nr. 386

Aus: Johann August Unzer, Der Arzt; Wochenschrift in 12 Teilen, ab 1759.

Die Sache an sich ist möglich. Der Luther und Johannes Arndt sollen Gold haben machen können. Man beruft sich in dieser Kunst auf Hiob 28,3. –
Betrügereien der Goldmacher: Sie bedienen sich solcher Gefässe, die mit einer Goldsolution angefüllt sind. Sie haben Capellen[1] mit 2 Böden.

1 Kleiner Mantel

Tränken den Kolenstaub mit Goldsolution. Schiessens in eine Ko(h)le pp.

❖ BARMHERZIGKEIT ❖

Exzerpt Nr. 395

Barmherzigkeit heist vielleicht so viel als Warmherzigkeit, weils uns da warm ums Herz ist.

❖ BLUTLEIM ❖

Exzerpt Nr. 402

Aus: Johann August Unzer, Der Arzt; Wochenschrift in 12 Teilen, ab 1759.

Die Jäger, welche am Pilatusberg die Gemsen verfolgen steigen oft
so weit über die Felsen hinab, daß sie nicht mehr wissen hinauf zu
kommen. Hier schneiden sie sich Strimen an Hände und Füsse und halten
die Wunde an den Fels, das herausströmende Blut aber
gerint, wird zu einem zähen Leim und dient ihnen zur
Befestigung. Sie müssen die Hand mit aller Mühe wider los
reisen, aber vorher schlagen sie allemal die andre weiter oben fest,
und kletern auf diese Art in die Höhe. – Ein Beweis von der leimenden Kraft des Blutes.

❧ SUIZID ❧

Exzerpt Nr. 467

Aus: Gottfried Leß, Abhandlung vom Selbstmorde, Göttingen 1777.

II. Bestimmung was Selbstmord sei (Christliche Moral § 123.)
(zu § 123 Nummer 1.)

Wir müssen hier behutsam sein in unserem Urtheil. Es kann sich iemand ausser Verstand töden von dem niemand glaubte daß er wahnsinnig. Eine Minute ist im Stand ins Grab zu stürzen.

Der Johann Andreas Zinlius in Strasburg lebte unsträflich, im zeitlichen in ieder Absicht glücklich. Nur seit einiger Zeit verfolgt ihn Schwermuth. Am 17. August 1741 früh beim Aufstehen klagt er seiner Entbindung nahen Frau Herzensangst, wohnt der gewöhnlichen Hausandacht bei geht auf sein Zimmer, schreibt sich seinen Leichentext Psalm 146,8 auf ein Papir und zerschneidet sich die Kehle.

Wer darf sich erfrechen dis Selbstmord zu nennen _ Wenn in England die Selbstmorde am häufigsten im schwülen Sommer und neblichten November, wer will daraus nicht gerne schlissen daß die That oft so unwilkürlich als die Unverdaulichkeit des Magens Freilich komt verschuldete Reizung dazu.

Halbblutige Speissen flammende Getränke, Ael, Rum, zügellose Sitten, Irreligion _ Nach England ist der Selbstmord nicht häufiger als in Genf.

❧ GARTENKUNST ❧

Exzerpt Nr. 492

Aus: Friedrich Casimir Medicus, Beiträge zur schönen Gartenkunst, Mannheim 1782.
Rezension in: Gothaer gelehrte Zeitungen 1782, Junius.

Das Stroh umwinden der ausländischen Bäume im Winter ist.
Für sie höchst nachtheilig. Nur bedecke man ihre Wurzeln mit abgefallenem Laub und Pferdemist.

❧ BEREICHERUNG ❧

Exzerpt Nr. 1169

Aus: Paolo Sarpi, Tractat de beneficiis ecclesiasticis [von dem Kirchengute], aus dem Italienischen, Nürnberg 1688.

Je reicher die Kirche wurde, desto mehr nam die Bereicherungssucht zu.
Man hielt kein Mittel für unerlaubt, Gott und der Kirche Reichthümer zuzufüren, glaubte gar Gotte einen Dienst zu thun, wenn Eltern ihre eigen Kinder vorbeigiengen und ihr Vermögen der Kirche vermachten.
Daher sich auch die Geistlichen mit allen Kunstgriffen an Witwen und Weiber machten, daß sie solches thaten, biß im Jahre 370 ein Gesez gegeben wurde, in Witwen und Waisenhäusern herumzugehen und durch Schenkung oder Testament etwas anzunehmen. (Hieron[ymus] klagt darüber daß die Geistlichen seiner Zeit sich nichts anders befliſſen, als der Weiber Gunst auch durch schimpfliche Dienst und Aufwartung zu gewinnen.
»Audio quorundare in senes et anus abseque liberis turpe servitium. Apponunt matulam, obsident lectum, purulentiam stomachi et phlegmata pulmonis mana propria suscipiunt.« Und daß vil reiche Witwen sich nicht wieder verheirateten, damit ihnen von diesen geistlichen

Herren desto freier aufgewartet wurde. (In der Note des un-
genannten Herausgebers)). Augustin eifert gleichfalls gegen
die Bereicherungen auf eine Art die ihm Ehre macht §6.

❧ ETHNOLOGIE ❧

Exzerpt Nr. 1199

Aus: Marsden, William: Natürliche und bürgerliche Be-
schreibung der Insel Sumatra, aus dem Englischen, Leipzig
1785.
Rezension in: Allgemeine Literatur-Zeitung 1785, Band 3,
Nr. 226.

Es sind daunter Malayen, die von Malakka kommen, übri-
gens ist die Insel nicht von Malakka aus bevölkert sondern
vor Malakka bewohnt gewesen. Zu den ursprünglichen
Einwohnern gehören 2 ganz verschiedne Menschenarten,
die zerstreut in den Wäldern leben und alle Gemeinschaft
mit den übrigen Einwohnern vermeiden, die Orang Kubuh
und die Orang Guguh; sie sind ganz mit haaren bewachsen
und von den Orang Utang nur durch Sprache verschieden
– Die Dörfer liegen allemal an einem Fluß oder See und wo
möglich auf einer schwer zu ersteigenden Anhöh, wozu zwei
schmale Wege, der eine vom Wasser, der andre vom Land
gehen.
Keine eingeborenen Orang Utangs. Sie werden von Borneo
gebracht. Die kleine Hauseidexe das größte Thier, das an der
Deke des Zimmers lauft _ Mörtel von Käse und ungelösch-
tem Kalch _ Die Malayen rechnen das Jahr nach 12 Monden
Monaten auf 352 Tag, die Nationaleinwohner aber nach der
Reiserndte. Die Malay'sche ist die Hauptsprache _ Ausser-
dem findet man noch eine Allgemeine Sprache, womit alle
übrige verwandt sind, und welche auf allen Inseln in den
östlichen Meeren von Madagaskar bis zu Cooks entferntes-
ten Entdeckungen gesprochen wird – Die Rejangs haben ei-
gentlich gar keine Religion verehren weder Gott noch Teu-
fel, noch Göze, haben aber doch abergläubische Meinungen
von verschidenen Arten höherer Wesen, die ihnen gutes und
böses thun können, bei denen sie auch schwören.

❧ HOTTENTOTTEN ❧

Exzerpt Nr. 1288

Aus: Anders Sparrman, Reise nach dem Vorgebirge der guten Hoffnung, den südlichen Polarländern und um die Welt, hauptsächlich aber in den Ländern der Hottentotten und Kaffern in den Jahren 1772 bis 1776, aus dem Schwedischen, Berlin 1784.

Die Alten und Gebrechlichen werden von ihnen ausgestoßen, wenn sie niemand mehr haben, der sie verpflegen kann, so wie Säuglinge, deren Mutter gestorben ist, lebendig begraben werden.

❧ BERGSTEIGEN ❧

Exzerpt Nr. 1203

Aus: Allgemeine Literatur-Zeitung, 1785, Band 4, Vermischte Anzeigen zum 239. Stück.

Gelehrte Anmerkung zu Stück 239 der Montblanc in Savoien den man für den höchsten Berg in Europa hält ist endlich unter Bourrits Anführung glücklich erstiegen. Mit ihm haben ihn (vielleicht seit die Welt steht) zum erstenmal erstiegen: M. Contet ein Gemsenjäger und F. Cuidet ein Schäfer.

Exzerpt Nr. 1234

Aus: Allgemeine Literatur-Zeitung, 1786 Band 1, Vermischte Nachrichten zum 46. Stück.

Der Montblanc ist von Bouritt nicht erstiegen worden. Er kam nicht höher als 1800 Toisen, da der Berge gegeb 2500 hat. Übrigens ist der Berg wirklich so vil bekannt, in der alten Welt der höchste, den Pik nicht ausgenommen. Man kann rechnen drei Tagreisen.

❦ NATURKUNDE ❦

Exzerpt Nr. 1279

Aus: Johann Reinhold Forster, Bemerkungen über Gegenstände der physischen Erdbeschreibung, Naturgeschichte und sittlichen Philosophie auf seiner Reise um die Welt, Berlin 1783.

Von einem Sparus aßen 16 Personen, er war 15 Zoll lang, alle bekamen Betäubung, konnten nicht stehen, bekamen grausame Schmerzen in den Knochen, 10 Tage lang und wurden zu letzt durch Schwitzen und Brechen kuriert. [...] Hunde agonisirten 14 Tage, heulten erbärmlich und schäumten. Zu einer anderen Zeit wurde die nemliche Art ohne Nachteil verzehrt. Erscheint also blos durch die zufällige Speise, die er bekomt, giftig zu werden.

Lebensdaten

Das Geburtshaus Hebels »Am Totentanz 2«

Das Hebelhaus in Hausen

Hebels Schreibtisch. Museum für Literatur am Oberrhein (Prinz Max Palais)

1760	10. Mai: in Basel geboren
1761	Tod des Vaters Johann Jakob Hebel
1766–1774	Schuljahre in Hausen, Basel und Schopfheim
1773	Tod der Mutter
1774–1778	Schüler am Karlsruher »Gymnasium illustre«
1776	Aufnahme in die Marchio-Badensis Societas latina
1778–1780	Studium der Theologie in Erlangen
1780–1783	Hauslehrer in Hertingen
1783–1791	Präzeptoratsvikar am Pädagogium in Lörrach
ab 1788	Freundschaft mit Gustave Fecht
1790/1791	Proteuserbund / Wörterbuch des Belchismus
1791	Berufung als Subdiakon mit Predigtverpflichtung an das Karlsruher Gymnasium
1798	Professor extraordinarius
1803	Erscheinen der Allemannischen Gedichte
1805	Ernennung zum Kirchenrat
1806	Unabgefordertes Gutachten über eine vorteilhaftere Einrichtung des Kalenders
1808–1815/19	Der Rheinländische Hausfreund
1811	Schatzkästlein des rheinischen Hausfreundes
1819	Prälat der ev. Landeskirche
1824	Biblische Geschichten
1826	22. September: Tod in Schwetzingen

Personenregister

Danksagung

Wir bedanken uns herzlich für die Unterstützung:

Badische Landesbibliothek, Karlsruhe – Dr. Ute Obhof und Rainer Fürst. Deutsches Literaturarchiv Marbach – Dr. Nicolai Riedel, Thomas Kemme. Universitätsbibliothek Heidelberg – Dr. Karin Zimmermann. Universitätsbibliothek Frankfurt: Dr. Angela Karasch. Württembergische Landesbibliothek – Luitgard Nuß. Melanchthonarchiv Bretten: Dr. Günter Frank. Generallandesarchiv Karlsruhe – Prof. Dr. Volker Rödel. Stadtarchiv Karlsruhe: Dr. Ernst Otto Bräunche, Frau Angelika Herkert. Bibliothek des BVG – Dr. Volker Roth-Plettenberg.

Bildnachweis

Badische Landesbibliothek, Karlsruhe:
S. 12 (59 A 2891), 13 Mitte, 14 oben, 15, 16, 19 oben, 24, 28, 32–43, 44 (ZA 3705), 45, 46, 50, 54, 56, 58, 59, 60, 61 (57 A 2261), 62 (82 A 4790), 63, 64 (59 A 2891), 65, 66, 67 (59 A 4447), 68, 69 (76 B 1751 RH), 70 (Gym 4745; aus der Bibliothek des Karlsruher Gymnasium illustre), 72 (67 A 211 R1, 3/4), 73 (oben: ZA 3943 RH, unten: 95 B 77164), 74, 75 (ZA 3705; Bde. 1–4), 76

Gemeinde Hausen:
S. 21 Mitte, 84 Mitte

Gemeinde Lörrach:
S. 13 oben

Museum für Literatur am Oberrhein, Karlsruhe:
Umschlag, S.11, 19 unten, 21 unten, 23, 48, 84 oben

Staatliche Kunsthalle Karlsruhe:
S. 14 unten

Stadtarchiv Karlsruhe:
S. 20, 21 oben, 84 unten